ういちの叫び

Uichino Sakebi

ういち

JN077532

電波社

プロローグ

まず初めに、これだけは覚えておいてください。「ボートレースは勝てません」。そりゃ当たり前っちゃ当たり前の話なんですけどね。だって控除率、いわゆる払い戻しの金額は、全売り上げに対する75％と決まっているわけですから。仮に１００億円の売り上げがあったとして、払い戻しの総額は７千５百万円と絶対に決まっているわけですから。

いや、勝つ方法がないわけじゃないんですよ。実際年間で勝ってる人を何人かは知ってますから。いやまてよ？　ということはですよ、そういう人をひっくるめて75％なんだから、他の人はもっと負けるってことになるわけじゃん！　てな話なんですよね。これを分かって楽しむかどうか、というのが大前提になるわけなんですが、ものは考えようって言葉もありますしね、とにかく色んな角度から物事を考えていくと、なかなかどうしてこれも楽しいものなのであります。

この本の中には、そういう「こう考えたらどうだろう」的な内容が沢山詰まっています。物事を一方から考えるのではなく、様々な角度から見て行けば、きっとあなたなりのボートレースの楽しみ方、向き合い方が見えてくるのではないでしょうか。

冷めた目で見れば「は？　何言ってんの？」的な内容が山ほどあるかも知れませんから、頭が硬い人は絶対に読まないでくださいね。

ういちの叫び

目次

第4章 ういちとうんちく　ためになるかもしれない話

第5章 ういちとボートレース 悪戦苦闘の舟券予想 135

駄菓子屋ゲーム博物館チャンネル

本書の1･2･4･5章は、Youtubeチャンネルの「江戸川生ナイス」「宮島生配信（ブッちぎりィ!!･舟券バトル）」「ういちゃんねる」の生配信を一部編集し、掲載したものです。

QRコードは当該動画にリンクで飛べるようになっておりますが、元動画のアドレスが変わったケース等、不測の事態が起こった場合はリンクが外れる可能性があります。

その際は配信日と番組名で検索してください。

参照動画

江戸川生ナイス…87回までの配信動画
宮島生配信（ブッちぎりィ!!・舟券バトル）…2023年6月18日までの配信動画
ういちゃんねる…ういち緊急生配信

協力

ボートレース江戸川・ボートレース宮島・ういちゃんねる・駄菓子屋ゲーム博物館

スペシャルサンクス

ボートレーサーの皆様・共演者の皆様・番組撮影スタッフの皆様

舟券の購入は20歳以上の方に楽しんでいただけます。

無理のない資金で、余裕をもってお楽しみください。

第1章

ういちと仲間たち

共演者との面白エピソード

ナイスぅ〜な人たち

僕の周りには、どういうわけか面白エピソードに事欠かない人が集まっております。僕の車に乗り込んで、僕より先にタバコを吸い始めるだけならまだしも、車検の為におよそ喫煙可能であるはずがない代車に乗り込んだ時ですら「なんか今日、車違いますすね！」と笑顔で言いながらタバコを吸い始めようとした鈴虫君。パチンコに負けた怒りに任せてクソー！　と喚きながら、その日被っていた帽子をぐちゃぐちゃにして駅のホームのゴミ箱に突っ込んだと思ったら、その直後にゲラゲラ笑いながら今捨てた帽子をネットで注文して、その購入画面を僕に楽しそうに見せてくるオモダミンC。土砂降りの中、牛丼を買ってタクシーに乗り込もうとした際に足を滑らせ、どうにか牛丼だけは守ろうと恐ろしく変な転び方をして足を骨折したカメラマン、通称社長（ちなみに牛丼は無傷で翌日病院のベッドでチンした上、完食）。その社長の事務所で社長が寝泊まりしていたところ、何かジョボジョボ音がするので目を開けてみたら、ベロベロに酔っ払った状態で社長の顔の真横にあるゴミ箱に堂々とおしっこをしていたディレクター。

いやー、助かりますよね。助かります。ボートレースの配信ってなんだかんだ6時間以上あるわけですから。普通に予想の話だけしてたっていいわけですけど、こんな話があった方が楽しいじゃないですか。このパートでは、そんな数々のトークの中から担当編集が選りすぐったエピソードをご紹介しております。アーカイブをいちいち見ててもキリがない程に量がありますからね。この辺のエピソードをご覧いただいて、気になったらどうぞ、生配信にも遊びに来てください。

1-1 ギャンブルと攻略の系譜

2020／6／21 江戸川

※写真はイメージです

該当箇所のタイム

2：20：50 ～

共演：鈴虫君・オモダミンＣ

該当箇所リンク

動画リンク

ういち　残念！　ハズレだよ！　なんだっけ？　なんかあったよね、ゲームで。コインゲーム？

オモダ　じゃんけんのヤツと違います？

ういち　ジャン、ポン、ショ！　ショ！　ショ！　ズコーでしょ。

一同　アハハハハ。

鈴虫君　ズコーでしたっけ？　負けたーじゃなかったでしたっけ。ズコーって言ってんだアレ。

ういち　あの頃から、もうアツくなってた。

オモダ　アツくなってた。

鈴虫君　なってました。昔、倍率を好きな所に賭けられるルーレットゲームがあったじゃないですか。あれで一番高いところに賭けてましたもん。

ういち　32？

鈴虫君　32とか、16とか。

ういち　もうその時から穴党なんだ。あれ、中武一日二膳があの当時からリセットモーニング発見してた。

鈴虫君　へえ。

ういち　毎回電源を抜き差しして2に賭けたら、絶対最初朝イチ2だから無限に当たるみたいなこと言ってた。

鈴虫君　毎回コンセント抜かなきゃいけないんですね。

ういち　でも裏に刺さってるだけだったじゃん。当時なんて。

鈴虫君　賭けられるの1枚だけじゃないですからね。

ういち　そうそう。

鈴虫君　それは凄い。

オモダ　それで食ってるまである。

ういち　俺は横浜のゲーセンでクレジットに1枚入れて、ホッパーが馬鹿になってて無限に増えたことはあったなあ。

注

中武一日二膳（パチスロライター）

著名パチスロライター。1990年代は様々な機種を攻略していた。パチスロの絵柄を狙った場所に止める目押しの達人で、よそ見しながらでも高い精度の目押しをすることができる。名機・ミリオンゴッドシリーズの愛好家。著書に「回想列車（ガイドワークス刊）」など。

鈴虫君（ボートレース演者・パチスロライター）

江戸川生ナイスの共演者。最近は1年間で1万レースの舟券を買うなど、レーサーの知識はかなりのもの。理論派と思われているが、本人にその自覚はない。不摂生がたたって、なかなかの頻度で痛風になる。バツ1。

オモダミンC（ボートレース演者・パチスロライター）

江戸川生ナイスの共演者。常人には買えない買い目で高額配当をゲットすることもしばしば。斜め上を行くお馬鹿な発言で、視聴者を楽しませてくれる。ポーカーの腕はプロ級で、海外大会の優勝経験もある。

モーニング

パチンコ店でかつて行われていた開店時の集客サービス。主にパチスロで見られ、開店時に大当りする台が一定台数用意されていた。なお、大当りは絵柄を揃えないとスタートしない。

ホッパー

メダルを出すパーツのこと。メダルゲームのほか、パチスロには内蔵されている事が多い。

1-2 鈴虫君が容疑者？

2022／1／12 宮島

該当箇所のタイム

2：46：57 ～

共演：鈴虫君・オモダミンC

該当箇所リンク

動画リンク

オモダ　何部ですか？

鈴虫君　サッカー部。

ういち　野球のスパイク履いてる人はダメなんじゃない。

鈴虫君　え？

ういち　ｎｏｍｏｍａｘ履いてたんだろ。

鈴虫君　いやいや、ｎｏｍｏｍａｘはたまたま間違えて買えちゃっただけです。

ういち　箱開けたらｎｏｍｏｍａｘが入ってたんだろう？

鈴虫君　入ってて、こっそり履いてました。トライアックスっていうのを買いに行ったんです。

ういち　トライアックスを買いに行ったにもかかわらず、箱開けたらｎｏｍｏｍａｘが入ってたと。そんなことある？　試しに履いてみるとかなかったの？

鈴虫君　ないです。当時、僕が行ってたのはナカタスポーツっていう釧路にあるスポーツ用品店で。

ういち　家から３００キロぐらいだろ？

鈴虫君　違います。ジャスコじゃないんだから。

ういち　街まで２００キロとか？

鈴虫君　わかりました。喋らせてください。

ういち　アハハハ。

鈴虫君　朝5時とか6時に並んで、10時の開店に整理券を交換する。

ういち　ガンプラかよ。靴って釧路に入ってこないの？

鈴虫君　入ってこない可能性ありますね。

ういち　なんで交換できなかったんだっけ。

鈴虫君　交換できないというか。トライアックスの整理券を持って店頭で貰うんですけど、替えて貰う時にｎｏｍｏｍａｘに。

ういち　いやいや、家帰ってｎｏｍｏｍａｘだってなったら……。

鈴虫君　電話とかはしてないですけど、絶対に在庫がないんです。

ういち　返金とかにはならない？

鈴虫君　諦めてました。母ちゃんの手前、せっかくお金出してもらった靴がｎｏｍｏｍａｘって。

ういち　キツイ。泣くよ俺なら。

鈴虫君　ひどいのがその2日後くらいに店がボヤ騒ぎになって、僕が犯人だって疑われたんですよ。

ういち　アハハハ。

鈴虫君　周りの友達には喋ってたんで、お前だろと。

ういち　もう時効だから言ってもいいですよ。

鈴虫君　いやいやいやいや。

1-3 謎の毛髪

2020/9/6 江戸川

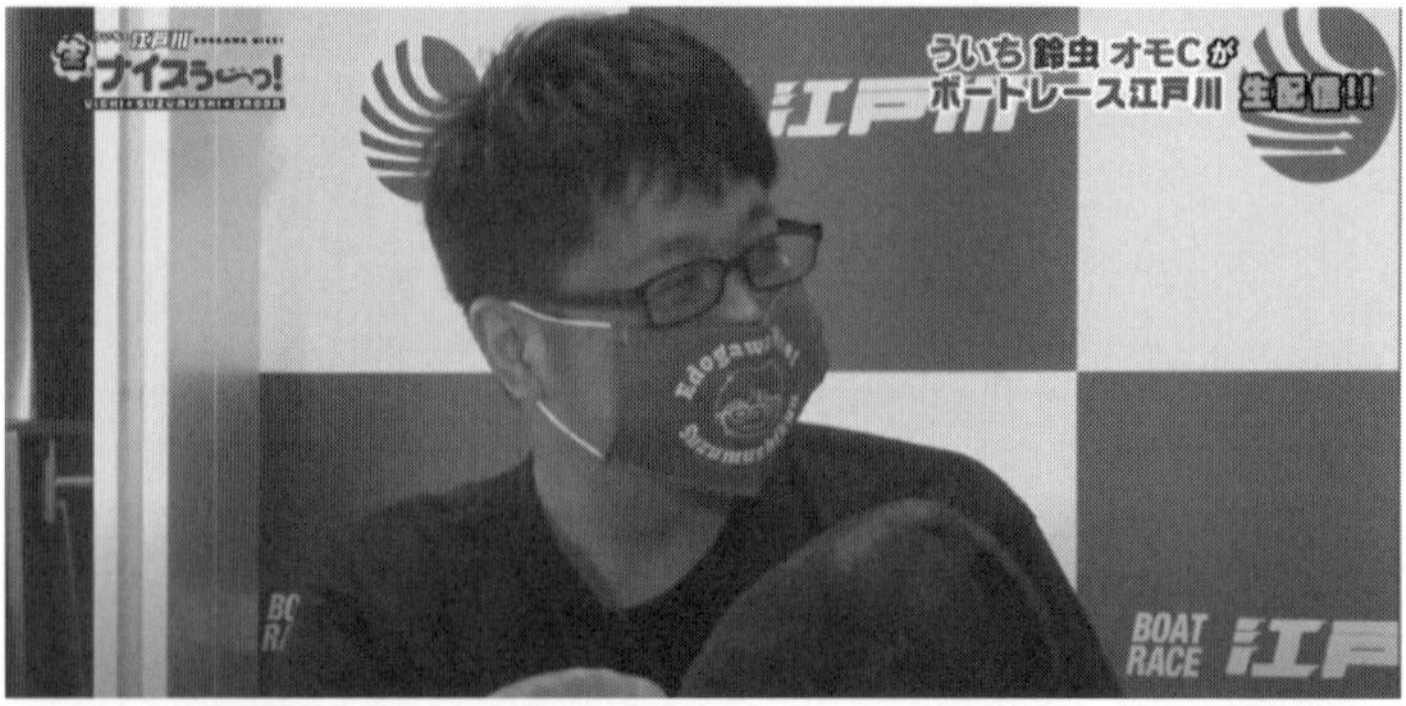

該当箇所のタイム

0：04：40 〜

共演：鈴虫君・オモダミンC

該当箇所リンク

動画リンク

ういち　ところでさあ。昨日負けすぎてトイレで髪の毛むしった奴いる？

一同　アハハハハ。

鈴虫君　むしってないですよ。抜けただけかな？

ういち　昨日終わった後、ここで打ち合わせしてさあ。皆さん帰られたじゃない。

鈴虫君　ハイ。

ういち　誰かむしりました？　むしってない？

鈴虫君　え？　むしったならまだいいですよ。抜けてたらやだなあ。自然に。

ういち　一番最後にトイレ行ったら、尋常じゃない量の毛髪が。

鈴虫君　どんなヤツでした？

ういち　ただ鈴虫がそれをむしったにしては、短いのよ。

鈴虫君　あ〜。

ういち　だから誰かが手を洗うところでファーみたいになって散らかったのかな、みたいな。

鈴虫君　帽子被った後だから、僕が手を洗うところで最後水つけてバーッとはやったんですけど。

ういち　あ、それだ。

鈴虫君　え〜？　そんなに落ちるんですか？

ういち　10円ハゲしてるところあるんでしょ。

鈴虫君　広がった？　もしかして。怖い。

ういち　生えてきたやつが取れちゃったか。

鈴虫君　そこだけ集中して落ちてったんですか？

オモダ　他の箇所まで？

鈴虫君　やべえな。まじかよ。

ういち　なんかねえ。尋常じゃない。

オモダ　それはもう鈴木さん（鈴虫君）ですよ。

鈴虫君　俺しかいないいもん。

ういち　誰かが気になるところを切ったのかな、みたいな。

鈴虫君　さすがになくないですか。

ういち　そう考えるとやっぱり、クソーみたいになって、バラバラ〜みたいな。

鈴虫君　フフッ。

ういち　で、誰が一番取れやすいかっていえば。

鈴虫君　着脱みたいな。そうですね。一番手ですよね。

ういち　負けすぎても気をつけたほうがいいよ。

鈴虫君　髪は触るなと。

オモダ　鈴木さん、よく髪の毛触るから。

鈴虫君　そうね。でも今短いからやらないのよ。それでやっちゃったのかも。

ういち　気づかず誰かが切った可能性もあるよね。

鈴虫君　どっちかといえばクソーの方が。

オモダ　またそれがストレスになりますよ。

ういち　アハハハ。気をつけたほうがいいと思う。無意識にやらないように。

鈴虫君　レース中にあるかもしれないですもんね。

オモダ　バラバラバラバラバラ〜って。

ういち　よく俺、トイレで太もも叩いてたりするから。クソ〜って。

オモダ　それも結構尋常じゃないくらい強く叩くじゃないですか。

鈴虫君　途中から人にやるようになったじゃないですか。

ういち　そんなことはない。

鈴虫君　叩こうとするとか。

オモダ　結構鈴木さん蹴ってる場面ありますよ。

鈴虫君　人の太ももも狙ってくるパターン。

ういち　しょうがない。そこにいたんだもん。

鈴虫君　人をボールみたいに言わないでください。

1-4 隣の怪物

2020／12／17　江戸川

該当箇所のタイム
0：09：40 〜

共演：鈴虫君・オモダミンC

該当箇所リンク

動画リンク

ういち　オモダが飛行機のマイルの手続きでANAに電話してたのよ。あ〜、ハイ、ハイ、オモダ、ユウヤです。ハイ、ええ、ハイ。えっ？　ちょっと待ってください。ういちさん、西暦って…。センキュウヒャク…。ああ！　え〜と、19××年何月何日ですって言って電話の手続きを終えた後に、いきなり西暦とかブッ込まれても困るっスよねって。

オモダ　違う。

ういち　衝撃的だった。

オモダ　違うんですよ。西暦って言ったら63年とかいうのか、センキュウヒャクで始めるのか、どっちか分からないじゃないですか。

ういち　いや、わかりますよ。

オモダ　わかるんだ。

ういち　西暦に六十何年とかはない。まあ、あるけども。

オモダ　昭和63年とか言うときは、なんて聞かれるんですか？

ういち　それは昭和・平成…元号でとか。

鈴虫君　そもそも書いてるときは昭和とかあるけど、聞かれているときに昭和とかいうのはまずない。

オモダ　ないんだ！　俺はもう雰囲気で、この人は昭和求めてるんだって時は昭和行くし。

一同　アハハハハ。

ういち　西暦って…しかも小声で言ってきたからね。

オモダ　電話の人に聞こえたらダメじゃないですか。ガッツリ携帯のマイク押さえてました。

ういち　すごいね。今のを聞いてオモダさんに乗ろうかなって思った方がいらっしゃる。

オモダ　舟券とは関係ないから、コレ。

ういち　お前の今日の調子を見て、これはいけるなと。

一同　アハハハハ。

ういち　今日もその亜空間な予想が炸裂するんじゃないかと、判断された方がいらしたということでしょうね。

オモダ　頑張っちゃうよ。

ういち　人智は超えてるよ、とうに。

一同　アハハハハハ。

ういち　だってこないだも俺とLINEしていて、スケジュールの話して、何月何日は後泊なって言った。そしたら、わかりましたってなって、しばらくした後に、すいま

せん、後泊ということは前の日は家にいますか?

一同　アハハハハ。

ういち　俺は多分って。

オモダ　それも意地悪じゃないですか。多分とか。

ういち　いや、お前が前の日に家にいるか知らないじゃん。

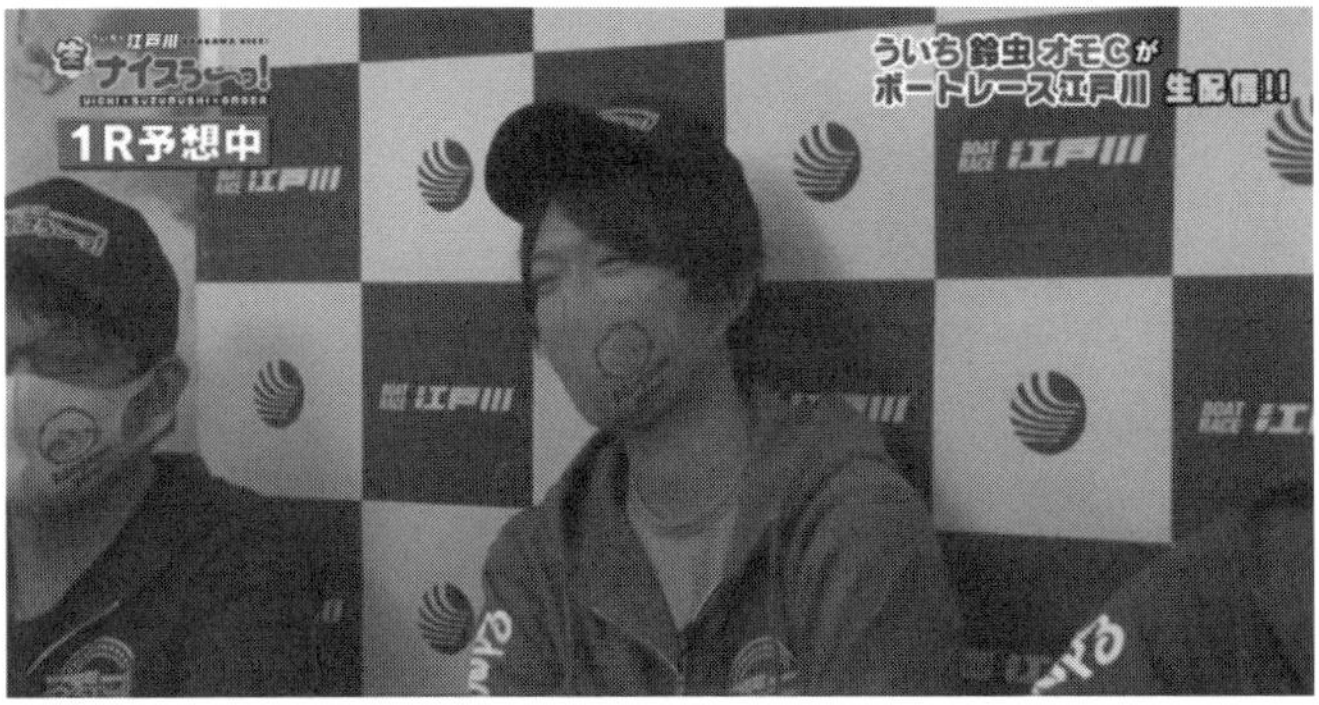

オモダ　アハハハハ。

ういち　それを前の日は家にいるってことですかとか言ってきたから、多分だろうな。

オモダ　あ、俺のことが分からないから、多分って言ったってことか。やっと合致した。

鈴虫君　グループラインじゃないですか。僕そっと閉じましたから。僕じゃないこの役目はって。ういちさんだって。

ういち　説明するとややこしくなる可能性があるからな、オモダの場合。

オモダ　そういうのも確認しないと心配なんで。

1-5 二画面端末のお話

2021/11/30 宮島

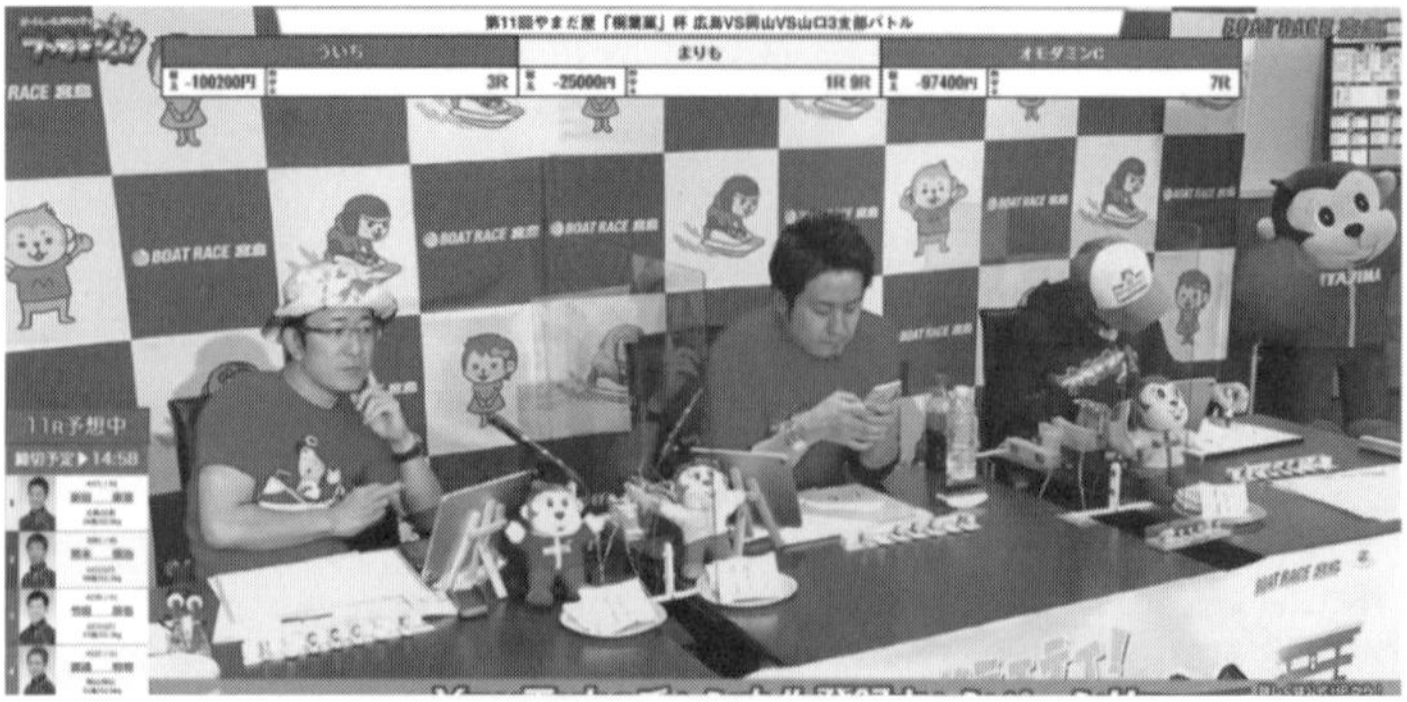

任天堂ホームページより引用　©NINTENDO

該当箇所のタイム

5:08:00 〜

共演：まりも・オモダミンC

該当箇所リンク

動画リンク

ういち　ドンキーコングJr.みたいなやつ？　ゲームウォッチの折り畳めるやつ。

オモダ　ちょっとわかんない。

ういち　え？　ゲームウォッチの折り畳めるやつ。あれドンキーコング？　ドンキーコングJr.？

まりも　ゲームウォッチは僕ですら響かない。

ういち　舐めたこと言ってんじゃねえぞ、ゲームウォッチだよ。

まりも　すげえ怒られるな。そんなことで怒られるんだ。今日はすごいな。

ういち　UFOキャッチャーでファミコンのカセットを取れるヤツがあって、番組でオモダミンCは何取ったんですか？　って聞いたらドンキーコングジェイアールって。

まりも　アハハハ。

ういち　でも、本当に大文字でカセットにドンキーコングＪＲって書いてあるの。大文字でＪＲって書いてあるの。

まりも　じゃあＪＲだね。オモダは悪くない。

ういち　で、オモダは猫背のドンキーコングがＪＲを運転するゲームだと思ったと。電車でＧＯのドンキーコングJr.バージョンだと思ったと。

まりも　斬新なゲームだね。

ういち　あれは確かにゲームも悪い。Jr.じゃないんだもん。ドンキーコングＪＲって書いてあるんだもん。なんだこれって言って、びっくりしたけど。差したら（電車の）ゲームが始まるかもしれない。

まりも　ありえますね。

ういち　アレすごいんだよ。

オモダ　確かに（一つ間違えたら）ブロッケンＪＲだもんね。

ういち　それはブロッケンJr.が眼帯して電車を運転してるんだろうな。専用コントローラーには眼帯もついてくる。

まりも　運転しながら毒霧吐くんですか？

ういち　そんなヤツだっけ（笑）。発売されたのは１９８２年なのでガッツリ国鉄。じゃあ国鉄はＪＲになることを匂わせてたんだ。

オモダ　先読みね。

ういち　ヤベー！　ちょっと鳥肌じゃない？　国鉄…あ、違う。（ドンキーコングJr.は）全然電車関係ないんだった。国鉄の人が作ったのかと勘違いしちゃった。

オモダ　寄っちゃってる。

ういち　電車のゲームじゃなかった、失礼。オリ展皆さん良かったら見てってください（笑）。いや～びっくりした。ちょっと俺、鳥肌まで立ったのに損しちゃったよ。

> 注
>
> **まりも**（パチスロライター）
>
> ボートレースを始めてからしばらく回収率が100％を超えるなど、理性的な予想で信者が多い。ういちの後輩だがプライベートでの付き合いも長いため、他の人では遠慮するようなツッコミで場を盛り上げてくれる。本業であるパチスロでも積極的に活動しており、自分のYouTubeチャンネルで新台動画を積極的にアップしている。

1-6 仲間と楽しく延長戦？

2021/11/30 宮島

該当箇所のタイム
2：43：40 ～

共演：まりも・オモダミンC

該当箇所リンク

動画リンク

ういち　宮島で一撃60万取ったの？俺もいたの？

オモダ　多分3人で配信した時だったと思います。

スタッフ　ホールでやった4月の記念の時。

オモダ　その後、ういちさんの付き添いでパルボートでほぼ溶かした時。

ういち　ああ、あったね。宮島の場外売り場はパルボートっていうんですけど、終わった後に興奮冷めやらぬまま。

オモダ　ういちさんが（配信で）ボウズだったんですよ。で、このままじゃ帰れないからちょっと付き合えってことになって。当たったら帰るって言ってたら1レース目に当たっちゃって。早くも当たっちゃったもんだから楽しくなっちゃって。

ういち　即当たったんだよね。結構いいのが。で、帰りましょうって言われたから、これからなのに何言ってんだって。
オモダ　買わないでずっと待ってたんですよ、それまで。僕はお金使っちゃうんで。
まりも　偉いね。
オモダ　あまりにも帰らないから。おっぱじまっちゃって。
2人　アハハハ。
オモダ　60万ほぼ溶かしました。
まりも　請求書だね。それは。
ういち　あったあった。そうそう。ほぼ全溶けしたんだよ。
オモダ　思い出しちゃったじゃん。変なことを。
まりも　アハハハ。結果勝ったとも言えない感じになっちゃったんだ。
オモダ　宮島に負けた。
まりも　宮島で取ったけど他場に持っていかれただけだったのね。
オモダ　結局ういちさん勝って帰ったし。
まりも　アハハハ。よくできてるわマジで。ボウズの日は危ないよなあ、ナイターあると。
オモダ　しかも、ういちさんは楽しそうに舟券を色んなところに並べてるんですよ。それを見て俺も鈴虫さんも帰ろうって言えなくなっちゃって。
まりも　アハハハ。
ういち　あれ楽しいんだよね。ボートピアとかでもそうだけどさ、迫りくる締め切りを自分が追い越して余裕が持てた瞬間。全締切を買って準備万端に並べてるとワクワクが止まらないよね。順に当たっていく。
まりも　締切を追い越してって（笑）。追い越してなかったら買えないじゃないですか。
ういち　そうなんだけどさ。なんとなくニュアンス伝わるでしょ。
まりも　わかりますよ。全部当たっちゃうみたいな。
オモダ　今日も勝とう60万。

1-7 マキシマムいらいら

2021／6／26 宮島

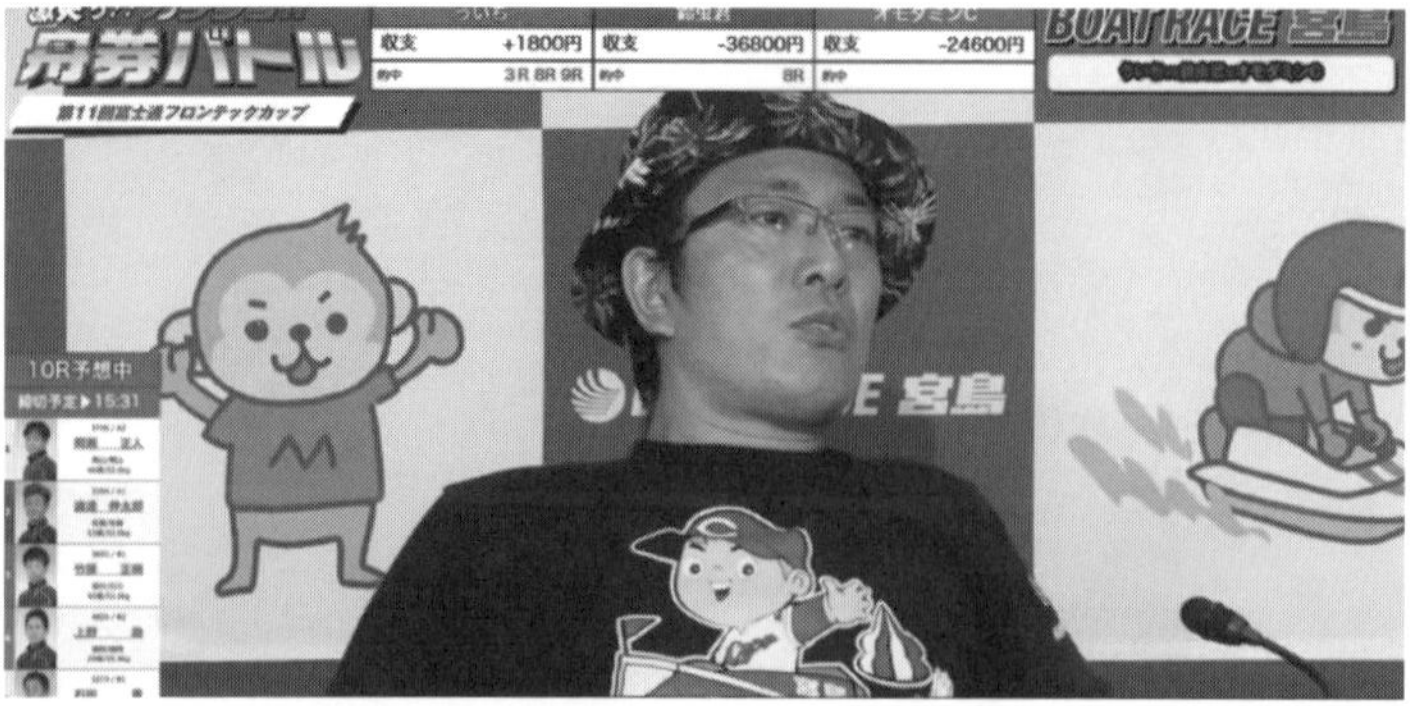

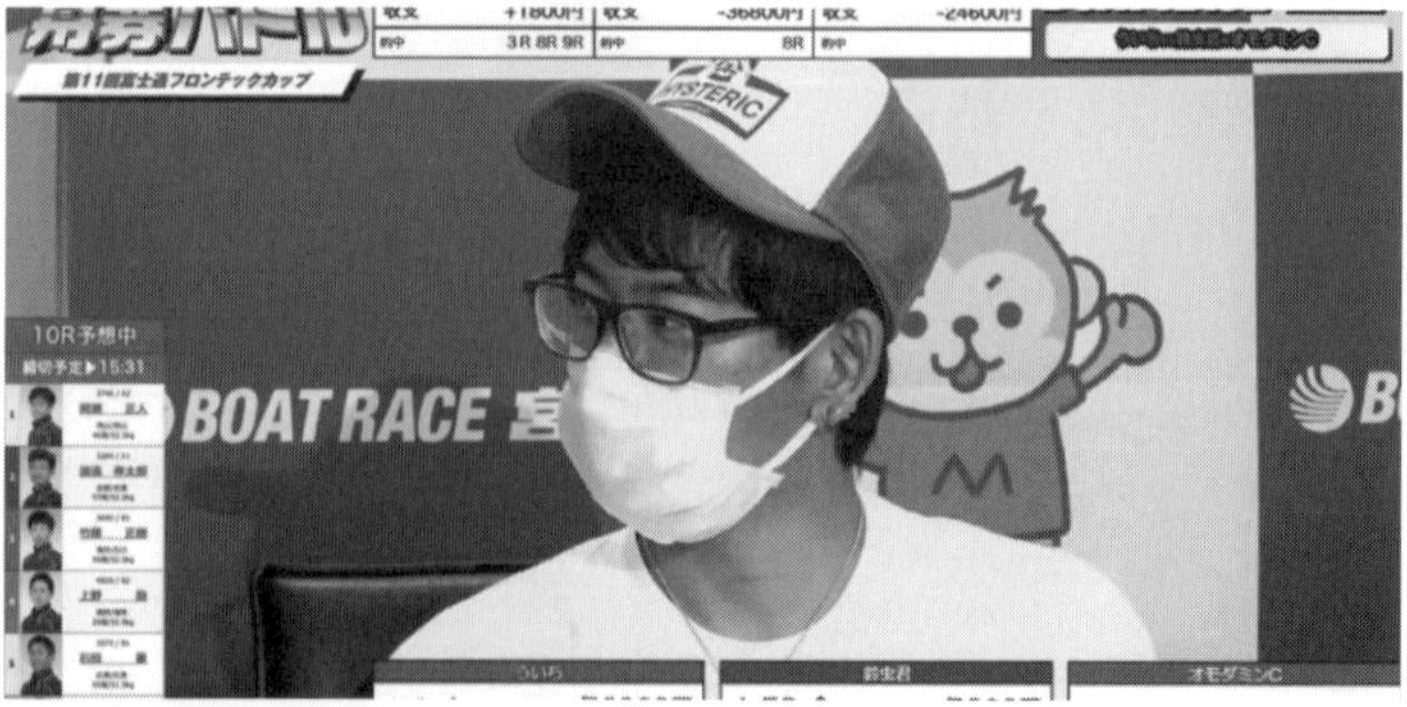

該当箇所のタイム

5：08：40 〜

共演：鈴虫君・オモダミンC

該当箇所リンク

動画リンク

オモダ　僕はもうテレボートで買い始めました。お金なくなったんで。

ういち　もうお金なくなっちゃったの？

オモダ　そもそも財布の中に2万円しか入ってなかったんで。

ういち　すごいね。

オモダ　忘れてました。どこか下ろせる場所があると思ってたけど、そんな隙はなかったですね。

ういち　この2人はやっぱ楽観。

オモダ　だって舟券は何でも買えるじゃないですか。

ういち　例えばさ、銀行がトラブルになってテレボートで買えなくなったら現金なわけじゃん。

オモダ　大人がこれだけいるんだから大丈夫です。

ういち　そういうとこなの。いつもすげえマキシマムいらいらするんだけど、こいつら本当に充電器やケーブルを持ってこないの。

オモダ　ハハハ。

ういち　俺、全部持ってるんの。充電器からUSBが2発刺さるやつと、あとそれにコンセントの口が3発ついてるやつとか、マイクロUSB、USB Type-C、あとiPhoneのライトニングも持ってるわけ。何かあったら困るから。モバイルバッテリーも持ちながら自分のケータイは常に充電してんのよ。すげえやってんだけど、2人は何にも持って来ないんだよ。

オモダ　アハハハ。

鈴虫君　それでは締め切り5分前です。オッズタイムでーす。

ういち　本当腹立つ。

鈴虫君　アハハハ。

> 注
> **オッズタイム**
> ボートレースの生配信などで設けられる、レースの投票締め切り前にオッズだけを表示する時間のこと。この間に視聴者に舟券を購入してもらう他、出演者の休憩なども兼ねている。締切の5～10分前程度には基本的にオッズタイムに入る配信が多い。

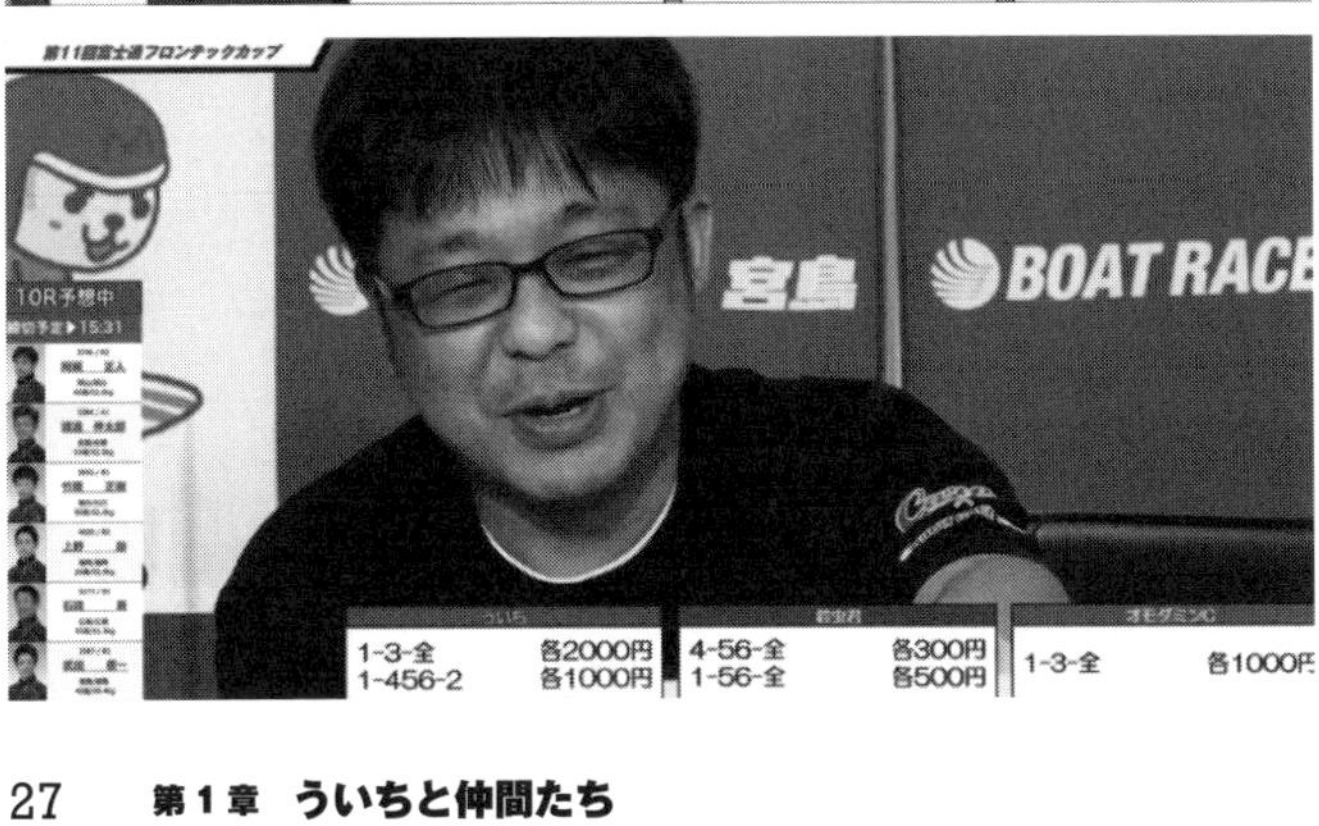

1-8 死ぬまで負けじゃない？

2021／1／3 江戸川

該当箇所のタイム
5：17：00 ～

共演：鈴虫君・オモダミンC

該当箇所リンク

動画リンク

ういち　ボートレースを死ぬまでやり続けていれば負けという概念はない上に、死んでしまった時点で確認する術がないので、もはや負けという概念自体が存在すらしてないんじゃないかっていうところまで、今来てますから。この先はオモダが発見してくれると思います。

オモダ　まあ、三途の川を渡る六文銭。あれだけ持ってれば勝ちですよ。

ういち　金ないと渡れないの？

オモダ　はい。だから胸元かどこかに入れますよね。だから真田は持ってるんですよ。いつでも死んでいいように。

ういち　なんでそんなの知ってんの？

オモダ　常識じゃないですか。

ういち　嘘だろ。かたかなを伸ばして言うと全部『あいうえお』になることを、去年末発見するような男が。

1-9 座ってオシッコ

2020／10／4 江戸川・10R

該当箇所のタイム

4：37：50 〜

共演：鈴虫君・オモダミンC

該当箇所リンク

動画リンク

オモダ オシッコする時、座ってすればいいんじゃないですか。

鈴虫君 基本、座ってするようにしてるよ。

ういち それは汚さないようにするため？

鈴虫君 そうです。跳ねたりしたら嫌じゃないですか。

ういち それ落とし穴があるんですよ。便座の丸いのあるでしょ。あれと下の陶器の部分で隙間がある。あそこから全部出てる時あるから。

一同 アハハハハ。

オモダ ある。Gパンがビチャビチャ。

ういち 座ってこうやってやってるつもりが、なんでか前がすごい濡れてる時ある。何かなと思ったらその隙間から全部出ちゃってる。

鈴虫君 ひどいのが（ここにいる）

みんな納得してるっていう。

ういち　朝イチがヤバいんだよ。たまってるから角度的な問題で。

鈴虫君　それ朝勃ちが悪いんじゃないですか。

ういち　で、それを手で押さえつけてやって、押さえてそこにストライク。これはあるよね？　男性は全員あるはず。押さえてそこにいっちゃってるっていう。

一同　アハハハハ。

鈴虫君　なんちゅう生配信。

ういち　それで最後Gパン履いたときにうわって。オールストライク。

鈴虫君　Gパンにしてたって（笑）。

一同　アハハハハ。

ういち　ガッツリ押さえつけてストライクだから。

オモダ　不思議なのは座ってするとトイレットペーパーで拭くときにいっぱいつく。

よね。

ういち　あ～それは分かる。

鈴虫君　切れが悪い時あるよね。

ういち　あれ牛の乳搾りみたいにしても、ダメなんだよね。

一同　アハハハハ。

ういち　さらに根本の方に溜まっちゃってるから。

鈴虫君　あれ見逃すとGパン履いたときにアッていう時ありますよね。

オモダ　冬場が一番危ない。

ういち　立ち上がった時にヨダレみたいにダラダラって。

オモダ　冬場はありますよ。

ういち　ひどい時は残尿手当が50％ぐらい。

一同　アハハハハ。

ういち　あるよ。出た分ぐらい出た経験はあるよ。

オモダ　これボートレース配信です

1-10 外野の話

2020／7／2　江戸川

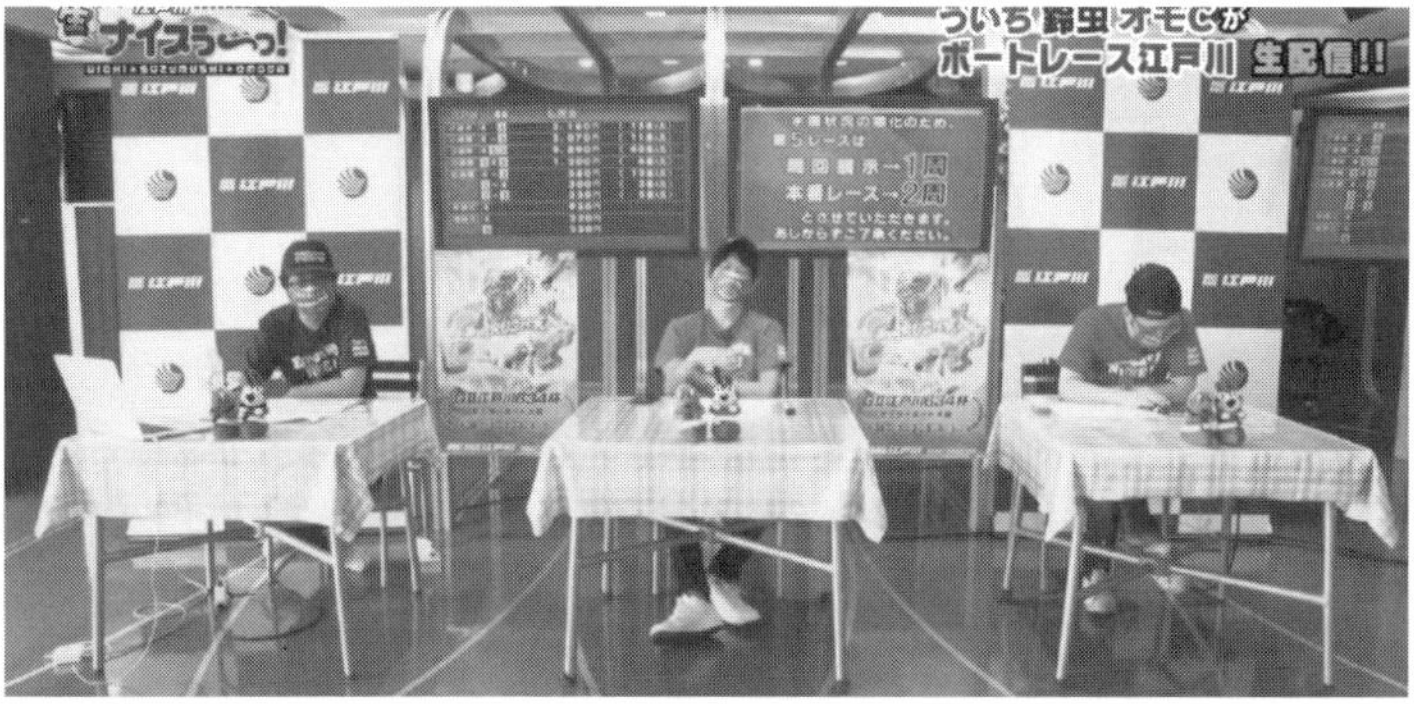

該当箇所のタイム
2：34：15～

共演：鈴虫君・オモダミンC

該当箇所リンク

動画リンク

ういち　なんかまだ伝わってないっぽいので言いますが、外野がうるさいっていうコメントをする方がいますけど、江戸川ナイスのチームに外野はいないですから。全員舟券買って参加してますから。

鈴虫君　内野（笑）。

ういち　セカンドとファーストの間も守っている人がいるんですよ。みんな舟券買ってるから自分の買ってるところが来たら、それは騒ぐよねっていう話なんだよね。

鈴虫君　うん。

オモダ　外野でもいいじゃん。守ってるから。

鈴虫君　いい返球くるぜ、たまに。

ういち　たまたまカメラの都合で3人だけしか映らない、って思っていただけるとありがたいなあ。

一同　アハハハハ。

1-11 クレイジー社長

2021／5／27 江戸川

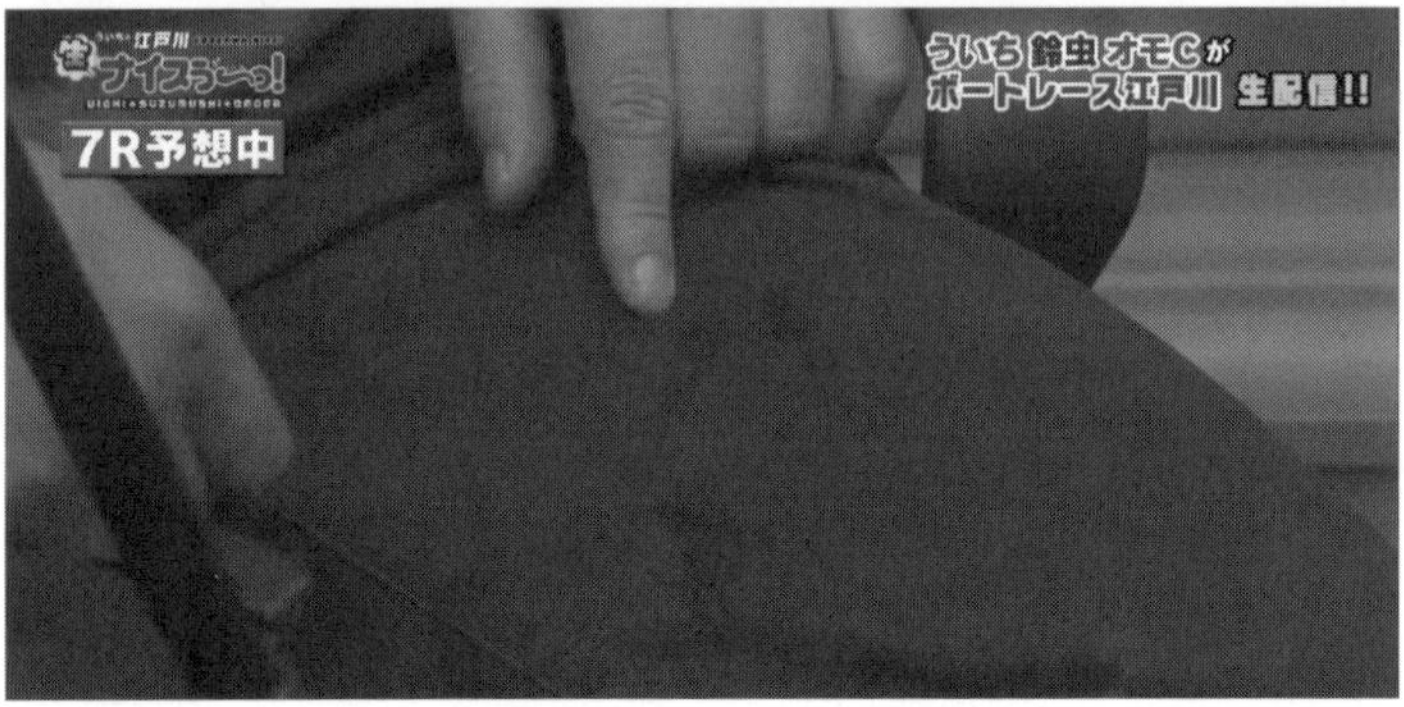

該当箇所のタイム
2：58：00 〜

共演：鈴虫君・オモダミンC

該当箇所リンク

動画リンク

ういち　鈴虫君、今マーカーで頭皮を黒く塗ってたでしょっていうコメントで思い出しちゃったよね。

オモダ　何をですか？

ういち　社長がズボンをマジックで塗ってた。

一同　アハハハハ。

鈴虫君　面白だよなあ。

ういち　黒いズボンに漂白剤かなんかが付いて、色落ちしちゃったらしいんですけど。でもわかんないね。どこ？　塗ったところ。

社長　この辺。

オモダ　全然馴染む気配がない。

一同　アハハハハ。

ういち　ガッツリ映ってる。黒いズボンが色落ちしちゃったって言って、いきなりマッキー持って来てゴシゴシしてたんで。

オモダ　馴染む訳がない（笑）。

ういち　この後馴染むんだって。すごいゴシゴシマジック塗ってたから、どうしたのって。
オモダ　油性で行ったからなあ。
ういち　現代に生きる両津勘吉ですんでね。リアル両津です。社長は本当にワイルドが過ぎるからね。下半身裸でパトカーに手を振ったの何だっけ？
一同　アハハハハ。
ういち　言い方？　え？　下半身裸だよね？　パトカーじゃなかったか。お巡りさんに手を振ったの？
社長　どうしましたか？　って言われた。
一同　アハハハハ。
ういち　どうしましたかじゃねえよ（笑）。どうもしてないよね。ただ気が狂ってるだけでしょ。ちょっと言い方が悪かったかもしれないけど、社長のアレは酒飲んで、記憶がなくなって、新宿のどっかでハッと記憶が戻ったら下なんにも履いてなかったと。で、これはマズイということで、ビルの影に下半身を隠して、通りかかったお巡りさんにエマージェンシーコールをしたという。
大変だと。
社長　違う違う。階段に隠した。階段の手摺りに下半身を隠して。
一同　アハハハハ。
鈴虫君　一番変態。
社長　上はTシャツ着てるから、こういう感じ。
一同　アハハハハ。
社長　で、お巡りさんが3人ぐらい歩いて来て『どうされました』って言うから、気がついたら裸なんです

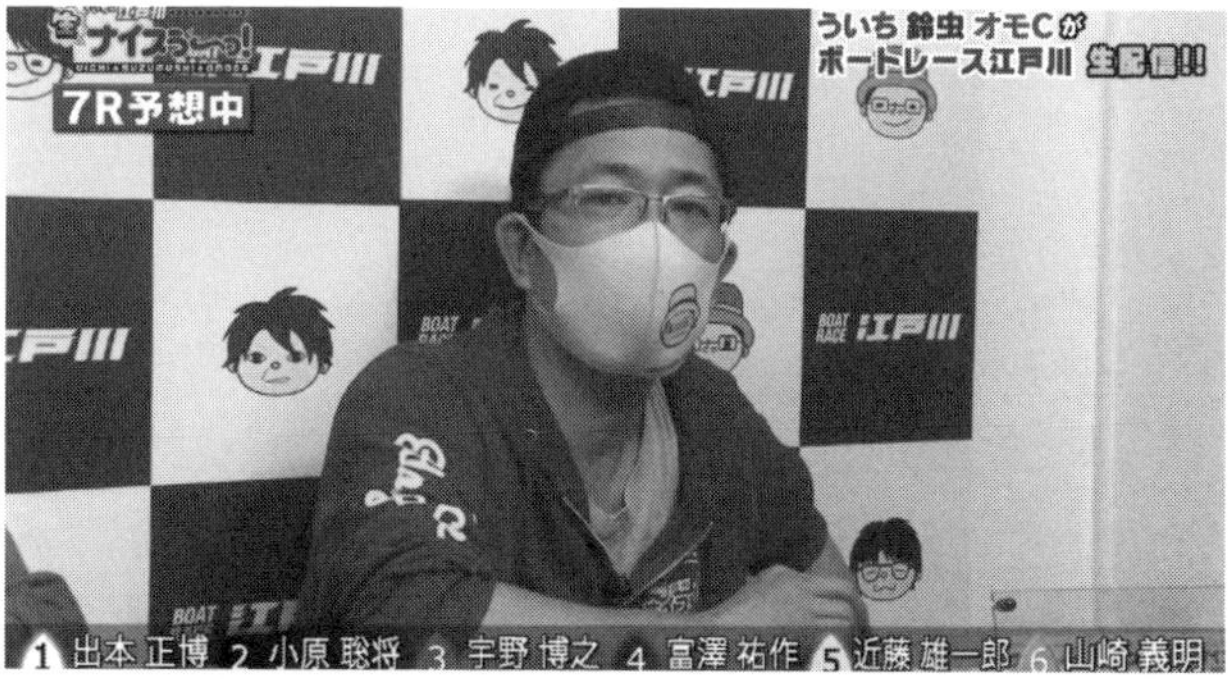

って。

一同　アハハハハ。

鈴虫君　自分の意志で脱いだわけじゃないとは説明するんですよね。

ういち　自分から呼んでるんだから。

鈴虫君　公然わいせつになっちゃいますからね。

オモダ　それは大丈夫なんですよね？

社長　出してないから。出て行ってない。隠れてるから。

ういち　見つかったんだっけ？　着てるもの。

社長　見つかった、見つかった。

鈴虫君　タオルかなんか貰ったんでしたっけ？

社長　シーツ。

一同　アハハハハハ。

ういち　その後がすげえのよ。シーツで隠して家帰ったんでしょ。そしたらお家開いてなかったんだよね。

一同　アハハハハ。

社長　鍵持ってなかった。

ういち　鍵を持ってないから。普通の人だったらさあ、そこからがしないと思うんだけど。屋上行って昼寝したんだよ。仕方がないから。だからズボンにマジック塗って、この人頭おかしいんじゃないかっていう人がいましたけど、序の口だって話よね。

社長　何の問題もない。

注

社長（映像製作会社社長・カメラマン）
江戸川生ナイス、大村優勝戦のカメラマン。数々の破天荒エピソードを持ち、収録中にういちから突如バラされることも多々ある。ボートレースはもちろん、野球・パチスロ・お酒好き。

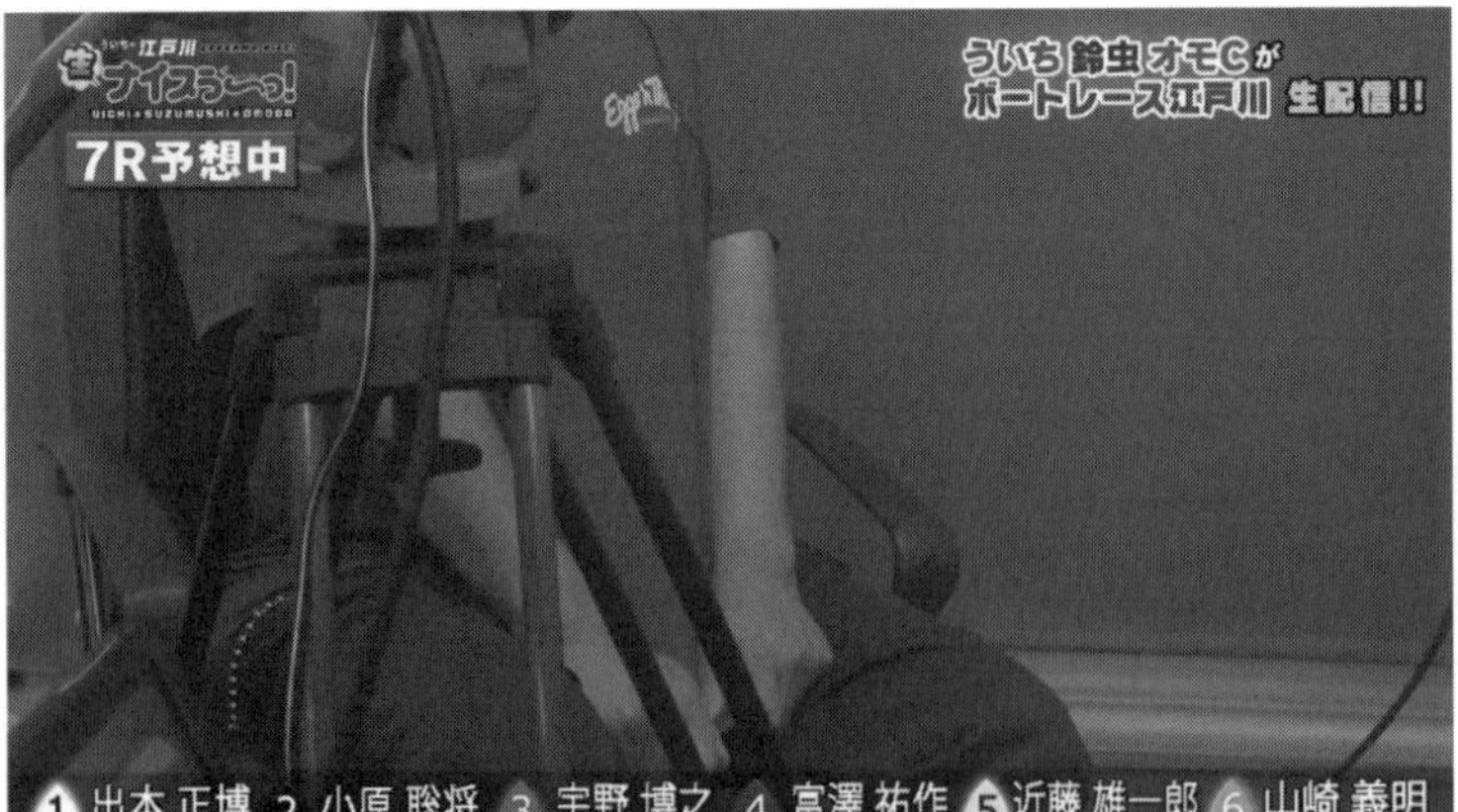

1-12 寝ている時間

2021/1/22 宮島

該当箇所のタイム

3：52：00 〜

該当箇所リンク

動画リンク

共演：鈴虫君・オモダミンC

ういち　寝てる時間って一番無駄な時間だからね。

オモダ　僕は逆に寝るのが好きなんで。

鈴虫君　両方わかるな。

ういち　寝るのが好きっていうことは、もうすぐ寝るぞってなったらワクワクしだして、たっぷり寝て今日も最高楽しかったみたいになる？

オモダ　う〜ん、気持ちいいなあって。

ういち　なるほど。

オモダ　毎日夢見るから楽しいですね。

ういち　俺はいっぱい寝れば寝るだけ、起きた時にもの凄い損した感しかないんだよね。

鈴虫君　俺もそっち寄りかな。

ういち　しまったって。

鈴虫君　単純に8時間平均寝る人と

6時間の人って、寝ている時間が（一日の）3分の1と4分の1と考えると、凄くデカく感じる。

ういち　24時間中にってことね。そうそう。俺が沖さんが凄い寝るって聞いた時に、あの人が3日間でやることを俺は2日間でやれちゃってるみたいな。そう考えると年間でどれだけもったいないことをしてるか、わかりますか？　みたいなことを言ったことがある。

オモダ　それでいったらゲームもそうじゃないですか。

鈴虫君　かといって眠い時は大丈夫な人ですか？

ういち　全然。キャラが勝手に歩いている時があるから、夢遊病のように。こないだはハッて気づいたら、画面の中で俺のキャラがうずくまってたよ。壁に向かって。戦いのゲームなのに。

鈴虫君　寝る人って信じられないぐらいに、どこでも寝るじゃないですか。

オモダ　パチンコ屋の中で寝るじゃないですか。

鈴虫君　ういちさんってさっきまで話してたのに、スマホ持って急に寝たりしてるんですよ。バスの中とか。

ういち　そこだよね。細かく稼いでいく。なんにもできないじゃん、バスの中じゃ。

オモダ　それ言ったらパチスロ打ちながら（仕事中に）稼いでいく。

ういち　簡単に言うとそうなるよね。同時にやれればいいもんね。最高だよね。

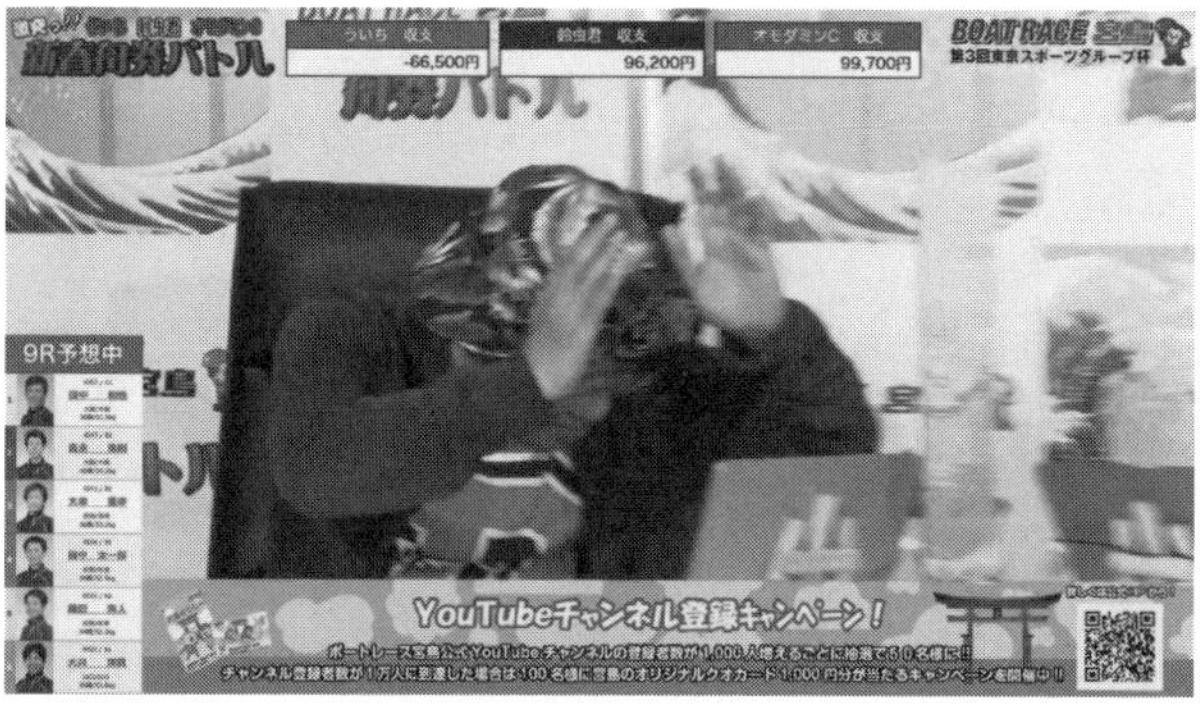

オモダ　勝手に手を動かせるマシンが欲しいですね。

鈴虫君　なにするんですか？　内職とか。

オモダ　パチスロ。クレジット（コインBET）が無理か。

ういち　昔言ってたけど、やっぱコピーロボットが欲しいもん。寝ている間にパチスロ打っといて欲しいし、ボートやっといて欲しいし。

鈴虫君　要は単純に3人くらい欲しいってことですか？

ういち　終わった後、今日爆アツだったよって、もう1人が言ったらおでこタッチだよ。う〜わ〜みたいな。

オモダ　アハハハハ。

ういち　激アツじゃん！　みたいな。アツかったぁ…とか。

オモダ　耐えられないヤツもあるんじゃないですか。

ういち　のたうち回るの？（おでこタッチして）クソーみたいな。

鈴虫君　金とかどうなってるんですか？　みんな自分の金？

ういち　全員で共有。3倍速ぐらいで減っていくんじゃないの。

注

コピーロボット

藤子・F・不二雄作品「パーマン」の中に登場する架空の便利アイテムで、鼻を押すと瞬時に押した人をコピーした人間となる。おでこ同士をタッチすると、お互いの記憶を共有できる。

1-13 体感収支プラス

2021/11/16　宮島　4R

該当箇所のタイム

1：42：00～

共演：柳瀬さき

該当箇所リンク

動画リンク

ういち　10月を切り抜けたういちさんなら…。

柳瀬　切り抜けたんですね。

ういち　地獄だったですね。もう本当に地獄で、計算したくない○百万円負けたんですね。11月になって、そこそこでかいのが当たり始めて、ここに来るまで結構調子よく来てた。

柳瀬　うん。

ういち　相当11月で盛り返した。11月だけに限って言えば、もうかなりプラスになってるだろうと思ってたんですけど、趣味で僕の収支を計算してくれている人が収録してた現場に来てくれて『11月の収支はすごいですね』って言うから、いいよなぁ調子って言ったら、『劇的に戻ってきてます』って言い方をしたから、チョット待ってくれと。11月だけに限って言えば大幅にプラスだろって言ったら、『いいえ』と。11月俺負けてんの？　びっくりしたんですけど、めちゃくちゃ調子いいと思っていた11月だけでも負けてました。

柳瀬　アハハハ。なるほど。逆に言ったら、それほど10月がヤバかったっていうことですもんね。

ういち　10月がヤバすぎたから、11月無茶苦茶調子いいわって。

柳瀬　負けたことに気づかないくらい良かったって事ですもんね。

ういち　そうなのよ。ケンシロウに秘孔を突かれた人みたいに、死んでることにすら気づいてなかった。首から下もうなくなってるみたいな。最近の生配信見てくれてる人はね、多分気づいてない人が多かったと思いますよ。あれで負けてんのってくらい。

柳瀬　うん。

ういち　みやゆゆ君っていう方が色々全部集計してくれる人で。この間、大村で57万ぐらい当たって、その前から結構でかいのも当たってたんで、大村の57万入れてマイナスなの？　って、自分の収支のことを彼に聞いたら、ちょっとがっかりした感じで『はい』って。

柳瀬　アハハハ。

ういち　腰が抜けそうになったよね。

柳瀬　いいですね。

ういち　負けてるんだって。逆にそれを伝えてくれた彼に謝られました。

柳瀬　アハハハ。

ういち　事実を伝えてくれただけなんで、彼は何も悪くないんですけどね。

柳瀬　面白い。

注

柳瀬さき（グラビアアイドル）
100センチのバストサイズが魅力的な千葉県出身のグラビアアイドル。愛称は「やなパイ」。ボートレースや競輪配信でも活躍中で、野菜ソムリエの資格を持っている。

1-14 やさぐれモード中

2021／11／16　宮島

該当箇所のタイム

① 3：19：00 ～
② 5：11：50 ～

共演：柳瀬さき

該当箇所リンク②

該当箇所リンク①

動画リンク

ういち　あいやーコレ。買おうとしてたの7・8倍とか見えた、オッズが。ヤダヤダ、はいオリ展出てます。皆さん適当に見てください。

柳瀬　アハハハ。

ういち　好きな感じで。僕はさっきこれを参考にしたらハズれましたからね！　3の明石さんがいいです。でってこと！　続いて1号艇北川さん。だからって話！　俺はさっき有富さんに言われて、それに色が付いてた3号艇を買ってみたんだよ。

柳瀬　ハイ。

ういち　来なかったよ。

柳瀬　来なかったですね。

ういち　信じた途端に来ないんだもん。でも有富さんが言うってことは、それまでは素直にソレに従っとけば当たったレースなんだよね。だから本当に分からない。

（2時間後）

柳瀬　ちょっとちゃんと（有富さんの）話が聞けてなかったなぁ。

ういち　アハハハ。パイ写り気になっちゃって？

柳瀬　そっち気になっちゃって。ちゃんと話が聞けてなかったんだけど。

ういち　でも、ぶっちゃけさっきも有富さんの話を真剣に聞いて、レースが全然違ったから。俺は苦情を言ったじゃん。有富さんの言った通り買ったら、違うの来たって。初日なんで読み通りに事が運ぶっていうのは、逆にそっちの方が珍しいみたいなことですから。

柳瀬　私は当てることができたんです。

ういち　違うの。（1号艇の）三笘選手じゃなくて、3号艇の吉原さんの展示タイムが良かったんです。有富さんが今日はまだ初日だから、前検も含めてタイム良い人から買ったほうがいいんじゃないかって言うのを聞いて、俺は三笘からあっちに変えたんだっつ～の！　そしたらハズれたの。

有富　吉原さんは足はいいけど、外マイに行くとスピードがない分、ちょっと流れちゃうんですよねと…。

ういち　そこはオッパイ見ていたの！　聞こえてないの！

柳瀬　アハハハ。

ういち　あ～もう5分前になった。掛かってこいよコノヤロー宮島！　負けないぞ～。

第2章

ういちとパチンコ・パチスロ

パチ屋での激闘記

パチとスロも盛り上がる！

パチンコパチスロとボートレースは共通点が沢山あります。例えば、知れば知るほど迷いが生じるところ。初めてパチスロを打つ人には「上のカウンターでボーナス回数が沢山ついてる台が良い台だから」程度にしか説明しませんよね？　だからこそ、そう説明を受けた人は素直にそういう台に座って粘れます。ところが少し知識をつけるとどうでしょう。弱チェリーの出現率は？　スイカ出てる？　斜めスイカは？　そこからCZ入った？　CZからボーナス出てきてる？　終了画面で示唆出た？　等々、キリがないほどに項目が増えてくる。そして、それら全てが高設定を示すなんて事は、まずありません。チェリーだけ見たら6だけど、スイカは1だしボーナス出現率は3…なんて事がざらなんですね。ボートも同じです。出走表で腕前ランクだけを見て買い目を決めていた頃の方が迷いはなかったんじゃないですか？　そこに当地勝率、フライングの有無、平均スタートタイミング、直近の当該コースからの成績、今節の調子、引いたモーター。とにかく、知れば知るほど買い目が絞れなくなる。更には、広ーい意味で言えばどちらもギャンブルですから、ボート配信でパチンコパチスロの話題が出るのはもはや必然と言っても過言ではない。当然、視聴者もどちらも経験している人が多くいらっしゃいますから、盛り上がっちゃうわけなんですよねぇ〜。打たない、やらない人は蚊帳の外になっちゃうのは分かってるんですけど、元がそっちの畑の人間なだけについ…ごめんなさいね。

2-1 謎のセメダイン

2021／11／7　江戸川

該当箇所のタイム

0：34：57 ～

共演：鈴虫君・オモダミンC

該当箇所リンク

動画リンク

オモダ　ちょっとボンドの話聞きたいんですけど。

ういち　いや、昔パチンコ屋さんで今は少ないけど羽根モノという台があって、Ｖゾーンに玉が入れば当たりという台があったんだけど、その店だけどうもＶゾーンの手前で玉が変な方向に転がるっていうんで、すげえ目を凝らしてこう役物の中を見たら、絶対にそんなところに何もないはずなのにＶゾーンの直前にちょこっと突起が作ってあって、なんかセメダインみたいのでわざと突起を作ってＶに入りづらくしてた。

オモダ　全台なんですか、それ。

ういち　ほとんどの機種でやってたね。一番びっくりしたのは、なんとか大明神（大和撫子の誤り）で、階段的な役物があって、これがいっぱいあるの。階段みたいな役物が（互い違いになって）玉が登っていくんだけどVは一番真ん中で、その階段を上がっていったらいろんな階段から玉がアタックして内に寄っていく感じになるんだけど、その店だけ内に行きそうになった玉がこう（外に）いくわけ。どうもおかしいなあと思って横から見たら、この階段にこういう（写真の）セメダインの板が張ってあった。玉が真ん中に乗ろうとしたら（セメダインに邪魔されて）横に動くっていうね。

鈴虫君　カイジよりひどいな（笑）。

ういち　すごい店だった。あそこは本当にすごかった。もちろん違法中の違法なんですけど。

オモダ　当時でもまかり通らないですよね。言わなかったんですか？

ういち　当時は店もおっかないからさ。

オモダ　粘ったんですか？

ういち　それはやめるよ。絶対当たらないんだから。

一同　アハハハハ。

ういち　昔はそういう理不尽がまかり通ると言うか、文句言おうとしている人が全員ヤクザみたいな感じだったし。最後の最後はハウスルールだからもう来んなって言われたら、それで終わりなんだよね。

注

羽根モノ

パチンコの１タイプ。下部のチャッカーに玉が入ると羽根が開閉して玉を拾い、その役物内にあるＶ入賞口に玉が入ると大当りとなり、一定数の出玉を期待できる。

大和撫子

ニューギンから発売された羽根モノで、階段式の役物が特徴的なマシン。初当り時のＶ入賞口は階段状の役物の中央下部だが、大当り中は役物の上部に変化する。

2-2 衝撃のストック飛ばし

2021/9/19 宮島

該当箇所のタイム

6：12：30 ～

共演：まりも

該当箇所リンク

動画リンク

©DAITO GIKEN, INC.

ういち　ああ、そっか。（的中時のイメージ写真でズームに出した吉宗の1G連の背景が）赤ハワイだったから、まだ連が残ってるじゃん。ストックが飛んでないことを祈ろう。

まりも　よく飛ばされてましたね。ういちさん行ってたとこ（パチンコ店）。

ういち　あれな。沼袋の百億だろ。

まりも　名前出てきた。

ういち　激ギレしたよ。

まりも　もうないですか、あの店。

ういち　沼袋の駅前にあった百億の店長さん、当時の店長さんかな。俺のこと知ってて。いつも来てくれてありがとうねって声かけられたことがあったの。この店はストック飛ばさないから来ますよって言った次の日に（ストック切れ）食らったの。

まりも　アハハハ。

ういち　次の日に入った高確率演出が終わらなかった。

まりも　ストック飛んだ時にある現象ですね。

ういち　ああ、これやってんな！

まりも　アハハハ、やられてたんだ。それ言ったんですか？　やってんなって。

ういち　違う。超ふてくされながら、高確率が終わるまで延々金を入れ続けて、わざとね…あ、違うな。捨てて帰ってきたな。途中でキレて。

まりも　店長に生い立ち聞かなかったんですか？　どういう生い立ちならストック飛ばしとかできるんですかって。

ういち　聞いてないけど、あれってプレミアムが出まくるんだよ。だから色んなの出して写真に撮ってた。

まりも　それにお金払ったみたいな。

ういち　そうそう。

まりも　見れないですからね、なかなか。鶴とか。

ういち　うん。あれはショックでかかったね。

まりも　言った次の日はダメですよね。

ういち　愕然としたよね。俺の話はどういう心持ちで聞いてたんだろうって。多分ガクガクガクガクって震えてたんじゃないの。ウチやってる～ウチやってる～みたいな。

まりも　アハハハ。その日の夜に飛ばしたってことでしょ。

ういち　ああ、そうか。

まりも　明日もういち来るかもしれないって思ってるのに、俺やってる～って思いながら。

ういち　ハーネス外す手がガクガクガクガクって。

まりも　あ～腹が痛い。

注

吉宗（S）

2003年に登場したパチスロ（4号機）のストック機。711枚獲得のビッグが1ゲーム連チャンするという魅力的な出玉性能で、一世を風靡した。

ストック機

パチスロの1種で、普段は内部にボーナスをストックしておき、規定の条件を満たすとボーナスを放出する。完全確率では生まれない連チャンを作り出せるため、多くのマシンで採用されていた。ストックが切れると当然ながらボーナスを出すことができないが、ゲーム上は連チャンを示唆する演出が発生してしまうため、プレイヤーはそれと認識できた。なお、店は意図的にストックを飛ばすことも可能。

2-3 はるか昔の交換所

2020/9/6 江戸川

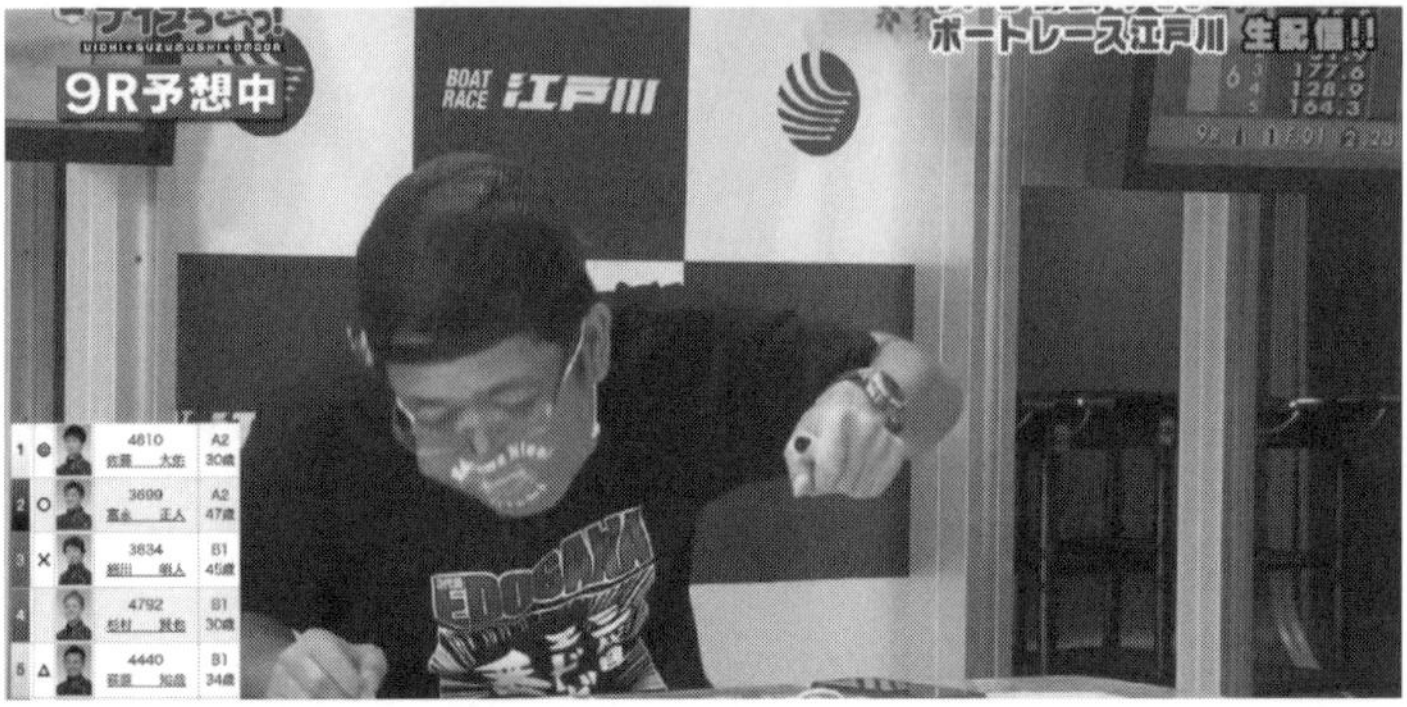

該当箇所のタイム
4：03：49 ～

共演：鈴虫君・オモダミンC

該当箇所リンク

動画リンク

ういち （パチンコの）交換所で500円誤魔化された、ああ、池袋のステラっていうクソ店なんですけれども。とっくに潰れちゃったんだけど。本当に腐ってたね。ただ事情は掴めたんだよ。パチンコ屋って交換所とお店って繋がってない体になってるから、いくら交換所のクソジジイがちょろまかしやがったって店に楯突いても、店としては何もできないんだよね。

鈴虫君 そうですね。

ういち とはいえ、ちょっと言っときますねっていう対応に腹が立った。

オモダ その場では言わなかったんですか？

ういち ジジイに？　怒鳴りあったよ。12万〇千五百円とかで、五百円足んねえよって言ったら、てめえはこれだけしか出してねえんだよコノヤローみたいのが来たから、お前が足りねえんだよっていうのを、あのちっちゃい窓に。

一同　アハハハハ。

ういち　よく数え直せコノヤローとかいうのをやってたら、文句があるんだったら店に言いやがれってなったから、店に言った。

鈴虫君　店と交換所が関係あるのバレてる。その瞬間アウト。

一同　アハハハハ。

ういち　昔新宿の交換所って日本人じゃないオバさんとか絶対に電話を肩に挟んで、電話してるふりをしてた、ずっと。電話してないんだよ。でもずーっと電話してるふりをしてて、片手間で換金してるふりをして、適当にちょろまかしてペッてお金を出してた。

鈴虫君　ふ～ん。

ういち　だからわざとこっちがそっぽ向いて見てないふりすると必ずちょろまかすから、ず～っとそっぽ向いて、やった瞬間にバーンって下を蹴るとシューッてもう一回お金が出てくるっていう遊びをしばらくやってましたよ。

一同　アハハハハ。

> 注
>
> **交換所**
>
> パチンコ・パチスロの特殊景品を交換してくれる店。交換してくれる店員さんはガラスの向こう側におり、景品と現金を交換する引き出しや小窓があることが多い。

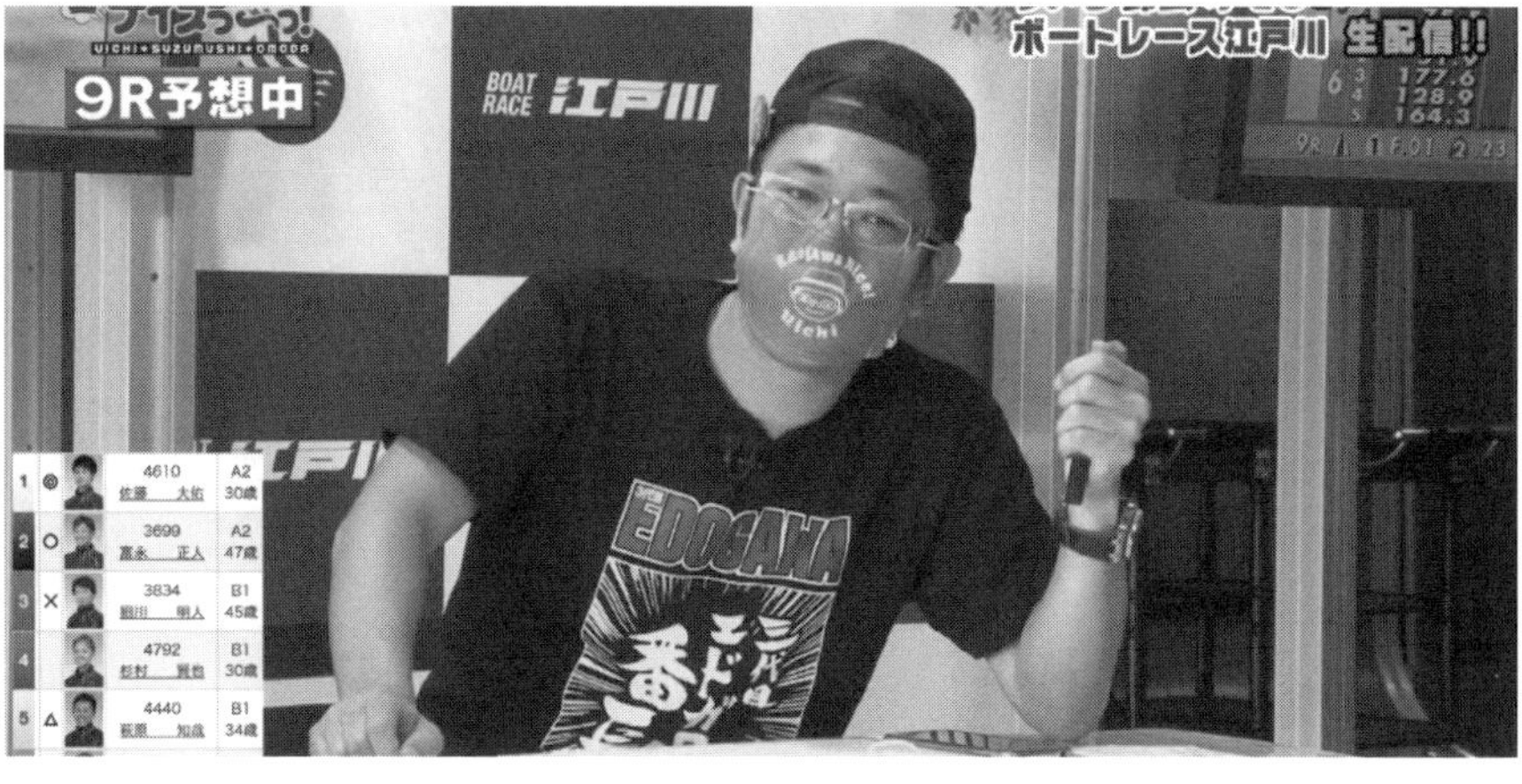

2-4 色んなモーニング

2021/3/13 江戸川

該当箇所のタイム

0：32：20～

共演：鈴虫君・オモダミンC

該当箇所リンク

動画リンク

©DAITO GIKEN, INC.

ういち　こっちにモーニングGOD入ってるんじゃないか?

オモダ　モーニングGOD?

ういち　電源消えてる台に全員座らされて、電源入れたらGODのファンファーレ鳴るとか。昔、GODじゃないけど、電源立ち上げますってなったら全台GOGO!ランプ点いてるとかザラにあったからね。ビッグ始まるっていうのもあったから。光ってるとかじゃなくて、ビッグが始まったっていうのも経験はありますよ。全台サバチャンスタートもあったかな。

鈴虫君　うん。あの全台吉宗の高確とか意味なかったですよね。

ういち　あれ高確スタートなのに、何台か鷹狩りがあるって。

鈴虫君　いやパッカパッカもありましたよ。謎のやぶさめ。

ういち　あ〜。
鈴虫君　なんで。俺だけやぶさめなんだよ、とか。
一同　アハハハハ。
ういち　シャッターが閉まるところまで店員さんが回してるから、まあ高確だろうと思って全員レバーガーンって押したら、パカラッパカラッとか。
一同　アハハハハ。
鈴虫君　あれムカつくっていうか恥ずかしい。なんで俺だけって。
オモダ　刺さった（当たった）人もいる気がする。
ういち　鷹狩りはすごい注目集めるんだけど、ダメな鷹狩りって打ってたら分かるから、入る前にね。
鈴虫君　スベるんでしたっけ？
ういち　鷹狩りに入った途端みんながバッと見るから、違います違いますってよく言ってたもん。

注

GOD
パチスロのミリオンゴッドシリーズにおける最強役 GOD 揃いのこと。確率は基本的に 1/8192 で、初代ミリオンゴッドなら、5 千枚獲得が期待できた。

サバチャン
2000 年に登場したパチスロ『獣王』の出玉増加機能「サバンナチャンス」の略称。1 セット 200 枚ほどの出玉だが、連チャン性能が高かったため一撃での枚数期待度はかなり高かった。

GOGO! ランプ
パチスロのジャグラーシリーズにおけるボーナス告知ランプ。これが点灯するとビッグボーナスまたはレギュラーボーナスが確定する。

鷹狩り演出
吉宗の演出のひとつで、20 ゲーム程度継続する。この演出中に当たると次回のボーナス連チャンが期待できた。

やぶさめ演出
吉宗の演出のひとつで、発展時にシャッターが閉まり、次のゲームでボーナスの当否が告知される。基本的に期待度は低め。

2-5 パチスロの練習

2022/10/13 宮島

該当箇所のタイム

3：15：05 ～

共演：岡島彩花

該当箇所リンク

動画リンク

©DAITO GIKEN, INC.

ういち　先輩のマンションで吉宗の練習はしなくていいんじゃないですか。吉宗なんか練習することないだろう（笑）。

岡島　アハハ。

ういち　目押しの練習だったらあるけど。吉宗で目押し大事じゃねえし。例えばファイアーバードの600枚抜きとかね。先輩が実機持ってるから練習するとかはわかります。

岡島　あるんだ。

ういち　ある。昔は目押しが上手ければ人の何倍も儲けることができた。

岡島　すご。それは練習するわ。

ういち　俺はその頃、友達のお兄ちゃんが実機持ってて稼いでるというのを聞いてもなお、回ってる図柄が見えるっていう事が俺の感覚の中になかったから、全員嘘ついてるか都市伝説だと思ってた。中武さん的な目押しね。

岡島　目押しって7を揃える時のヤツですよね。できないな。

ういち　直視ができないもの。横の直視と縦の直視は別なので、新幹線の駅で直視の練習はできません。電車の中で外の景色を見ている人を見ると、目が横に動いてまた戻る。対象物を追っかけて次の対象物を目印にして横にピュッと動く。電車で外を見ている人の目を見ると、目が横にカクカク動く。それがを縦にできる人がいるの。

岡島　怖い。

ういち　だからパチスロのリールが回ってるのを、上下に追っかけるんだけど、あの動きは自分がやろうとしてできる動きではないので。できちゃう人とできない人がいる。

岡島　できる人は動体視力いいの？

ういち　多分そうだと思う。だからパチスロ打ったことない人でも、リールの前に座らせて何が回ってるか見える人もいる。

岡島　見えない私。

ういち　原理はわかってるから、一生懸命その動きをしようとするんだけど、しようとしてできる動きじゃないのよ。（目が）動いちゃう人が見える人だから。

岡島　スゴ。

ういち　僕は目押しの研究は人一倍したので、誰よりも理論だけはわかってると思ってますよ。残念ながら見えるまでには至らなかったけど。

岡島　やり続けたら見えるようになる人はいるんですかね。

ういち　なんかのきっかけで勝手に目が動くようになる人がいることはわかった。最初何にも見えなかった

注

目押し

パチスロにおいて、止めたい絵柄を狙ってリール停止ボタンを押すこと。ただし、内部的に役が成立していないと、目押ししても揃うことはない。なお、リールは停止ボタンを押してから4コマまでスベることがある。

けど、こういうことかって。最終的にはタイミングです。全部の絵柄がしっかり見えてる人でも、目押しが下手な人はいます。リールが1周する時間は0・78秒くらいなんだけど、そのタイミングが体に刻みこめない人はできないんだよね。

注

直視

パチスロのリールは上から下に回転しているが、この動きに連動するように目玉を上下に細かく動かし、回転している絵柄を見ること。人間の目はこのような動きに慣れていない（自然界で求められる動きではない）ため、できない人のほうが多い。

ファイアーバード 7U

1980 年代に稼働していたパチスロ。目押しによる攻略法によって、1 回のビッグボーナスで通常の倍近い 600 枚のメダルを獲得することができた。

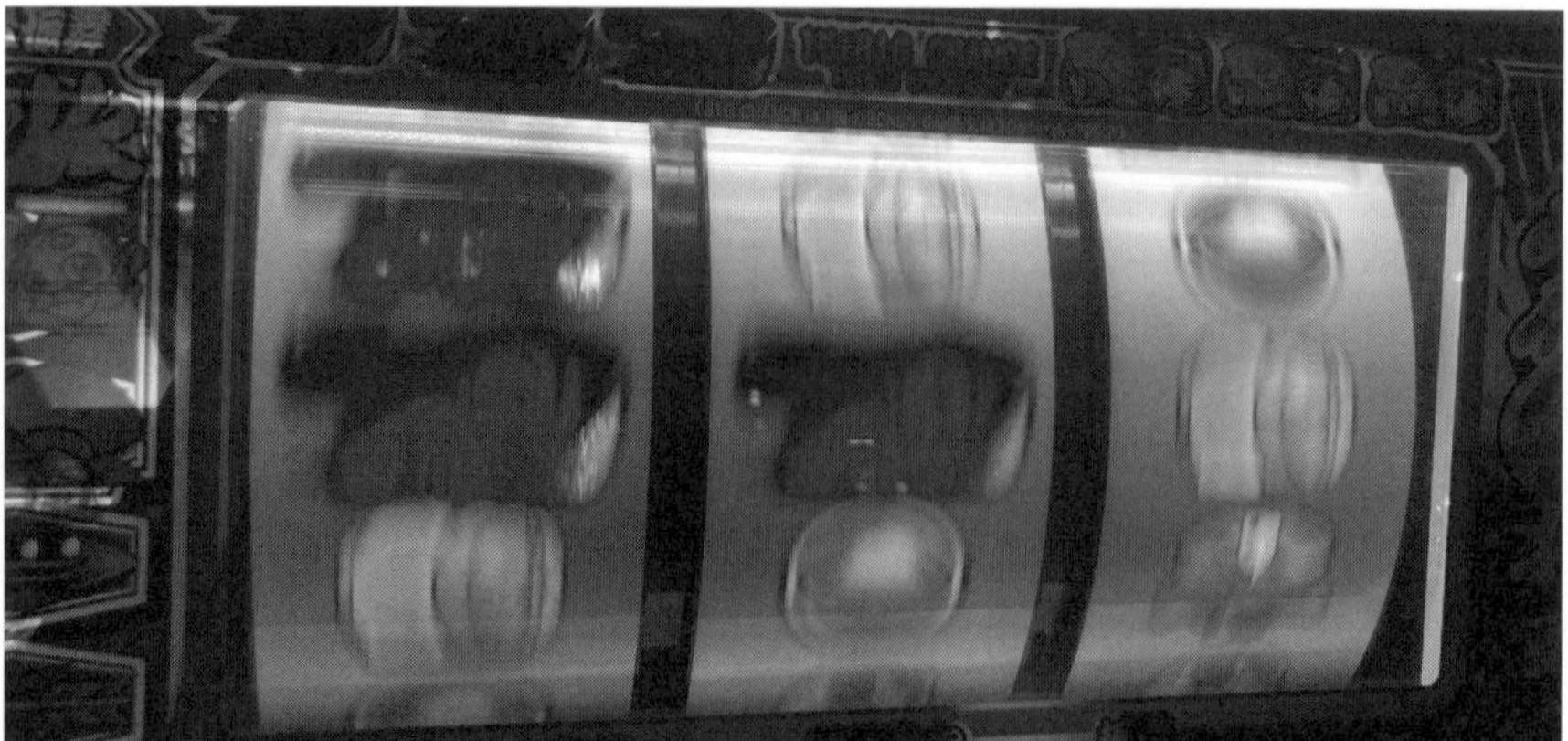

2-6 高額配当が続くのに当たらない日

2020/7/2 江戸川・8R後

8R		払戻金	ういち 鈴虫 オモC が ボートレース江戸川 生配信!!
2連単	5-3	3,780円	（ 19番人気 ）
2連複	3=5	1,170円	（ 7番人気 ）
3連単	531	14,510円	（ 64番人気 ）
3連複	135	730円	（ 3番人気 ）
拡連複	3=5	500円	（ 9番人気 ）
	1=5	320円	（ 6番人気 ）
	1=3	170円	（ 1番人気 ）
単勝式	5	1,530円	
複勝式	5	370円	
		160円	

該当箇所のタイム

4：15：12～

共演：鈴虫君・オモダミンC

該当箇所リンク

動画リンク

（8Rは万舟決着。3人共ハズれました）

鈴虫君　今日出てるなあ。

ういち　出しすぎだよ。

オモダ　くそ～。言ってて買わないんだもんなあ。

ういち　全6だと思ってバラエティの知らない台に座ったら、俺のだけ出ないっていうそのパターンあるからね。

一同　アハハハハ。

ういち　出てないんだけど、知らない台だから設定も分からなくて。

鈴虫君　ただドキドキはしてるっていう感じですよね。

ういち　ただぼんやり金だけ使い続けるやつ。

鈴虫君　疑心暗鬼になりながら打ち続ける。

ういち　俺だけ出ないバラエティあ

るよね、ホント。ただ、まあまあな感じでスイカからチャンスゾーン入っちゃうから、これ6で俺だけ引けてないいんじゃないのみたいな。ただ台のこと全く知らないから、わからずに。

オモダ　スイカからチャンスゾーンも怪しいですけどね。設定差ないかもしれない。

ういち　あり得るよね。設定差がないチャンスゾーン突入率で、まあまあ入るから俺のもあるんじゃね、みたいな。家帰ってから愕然とするパターン。

鈴虫君　8分の6でほぼ万舟以上？

ういち　メチャクチャ出してるんだよ、今日。8レースまで全ー全ー全で均等買いしてれば2万勝ってるって。そんな出しっぷりないよね。

注

バラエティ（コーナー）

パチンコやパチスロは同一機種を数台〜20台程度を横並びで設置することが多いが、最近は1〜2台ずつを設置することも多い。これらのシマはバラエティコーナーと呼ばれている。

設定

パチンコ・パチスロは、最大で6段階の設定によって出玉性能が左右される。パチンコは数字が小さいほど、パチスロは数字が大きいほど出玉が出やすい。

全6

全台設定6のこと。お店がパチスロの出玉をアピールしたい場合などは、1機種を丸々設定6にすることもある。

2-7 ギャンブルのお仕事

2021／1／22　宮島

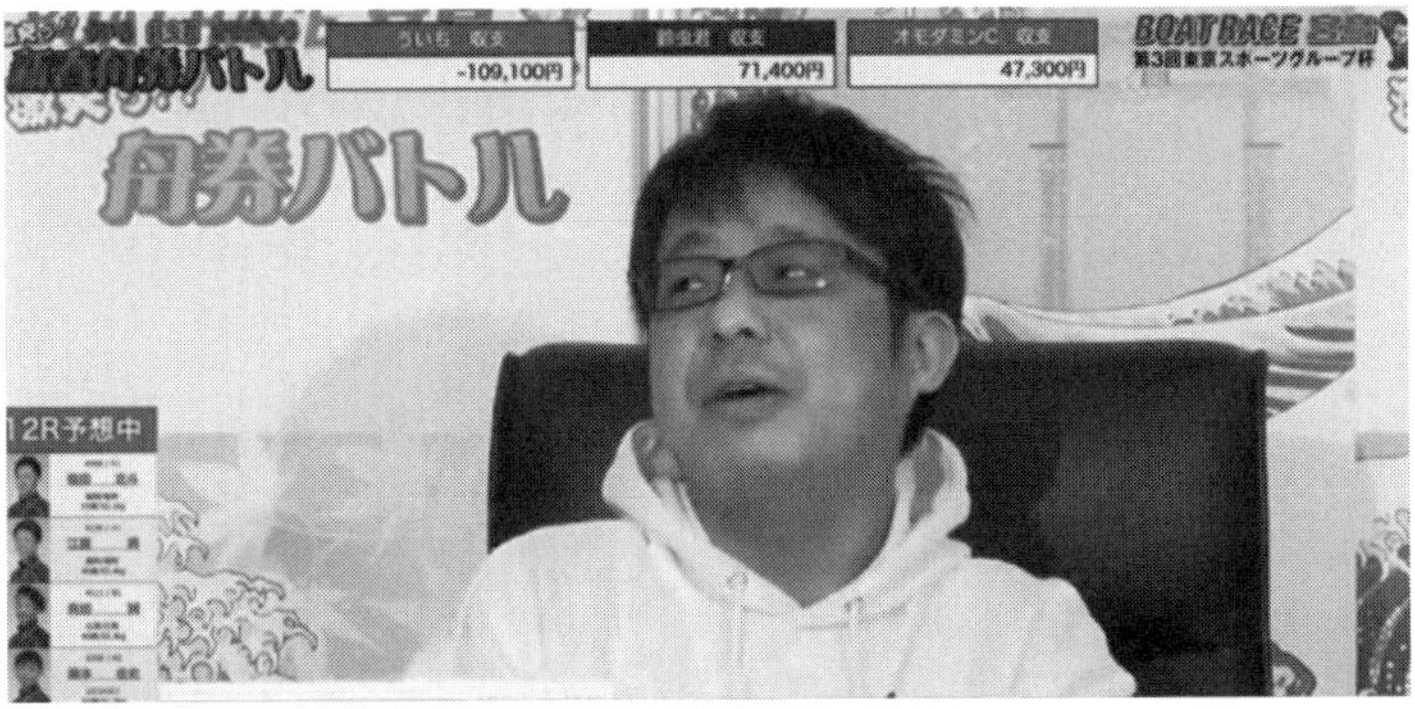

該当箇所のタイム

5：41：00～

共演：鈴虫君・オモダミンC

該当箇所リンク

動画リンク

ういち　（視聴者書き込み）ギャラもらいながらギャンブルできるのは幸せですよね、だって。一応仕事でやってるんで、遊んでたら金がもらえてるっていうのは、まあそう見えるのか。

オモダ　そう見えるかもですね。

ういち　みなさんに想像してもらいたいんですよ。朝、会社行ってタイムカード押します。で、働いた分の賃金がタイムカードにいくらって出ると仮定してください。退社する時に我々タイムカード押したらマイナス15万って出る。それはわかりますよね？　今日も一日仕事した、さあ帰ろうお先ですって、押したら21万マイナスっていうのが出る。どうです？　幸せですか？　っていう話。

鈴虫君　たまに増えることもありますけどね。

ういち　もちろん、たまに増えることもあるんだけど、こういう風に考えてもらったら、お前らは遊べて金もらえていいよなって、そこまでひどい言われようはないいんじゃないかって、ちょっと思うわけ。

オモダ　前借りとかと一緒じゃないですか？

鈴虫君　前借られじゃない？　遊んでて楽しそうに見えるのはいいことだなって思いますよ。

ういち　スーツを着て電車に乗るというあの偉業が達成できないなっていうのを僕は1週間で悟ったんで、こうなってるだけですから。サラリーマンの人はめちゃくちゃ尊敬するもんね。絶対に無理だと思う。30歳の時に1回だけチャレンジして。一週間スーツ着ては行けなかったんですけども、我慢できなくて。何日かスーツ着ていって、日に日に活力が枯渇していくのね。くたびれた感じになるのが分かりました。出社した途端どよ〜んってなって。よくあれを何年も、すごい人だと10年も20年も続けるんだよなと思ったら、世の中一番すごいのはやっぱサラリーマンの人だなと思ったね。

オモダ　ギャラは言わないけど、ヒントとしてはギャラがなくてマイナスの時がある、そう。それってもはや仕事じゃなくて生活費だからね。

ういち　いや、でもそういう意味では幸せですよ。

オモダ　俺もライターになる前は、金もらってパチスロ打つなんていいなあと思ったけど。

鈴虫君　俺も思った。だからやったんだもん。

オモダ　でも、現実違ったよ、違った。

ういち　特にキミらの時代はもうきつかったでしょ。

鈴虫君　ですね。初任給3千円でしたからね。

オモダ　俺5千円でした。

2-8 破天荒列伝

2021/5/12 ういちゃんねる

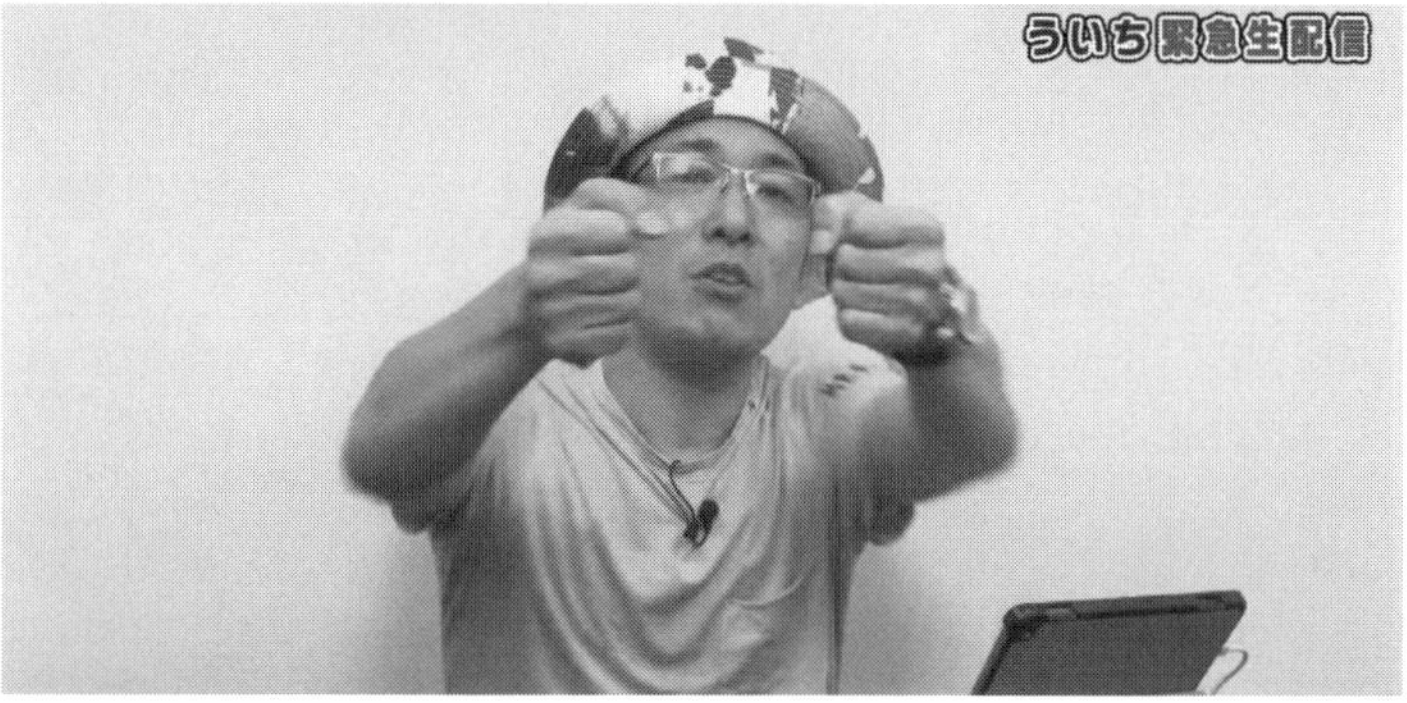

該当箇所のタイム
0：31：13 ～

共演：なし

該当箇所リンク

動画リンク

ういち　昔のパチンコ屋ってさ、並び順だったのよね。だから4時間も5時間も並んで、いい台取るためにみんな（店の前に）座ってたんだけど、平気でガラスも割れたりするわけですよ。今はもうないと思うけど横浜の本牧の店でさ、新規で開店するってなったら、もうそれこそ誰も整列する人なんていないからごった返すわけ、店の周辺に。そろそろ開くんじゃねえかってなると、もうみんながこうウェーイ、ウェーイみたいな。人の波がこうドアを押し出すんだよね。

スタッフ　アハハハ。

ういち　その店は本当に運が悪かったんだけど、みんなが盛り上がりすぎちゃって入口じゃないところのガラスがパシッて割れちゃって。みんながもう盛り上がりすぎて。それを

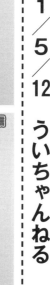

見た店が、もう今日開店できませんって言った瞬間だよね。ウォーってなって、店中のガラスが割れちゃって、もう大事件でしたね。

スタッフ　アハハハ。

ういち　あと階段に並ぶシステムだった店でさ。階段を降りてこようとする人と、店が開いてないから入れない人の間に挟まって、俺は空中に30分浮いてたことがある。こういう階段の下に入り口があって、俺は階段を降りかけてたんだけど、階段がなくなっちゃって。階段ないんだけどまだ降りてきてくるし、こっちは入れないからずっと浮いてて。

スタッフ　アハハハ。

ういち　ウェーイ、ウェーイみたいな。浮いてたところで、そこがまた観音開きの入口で、空中に浮いてるのに手前側にドア開くわけないじゃん。どうすんのかなと思ったら、ゆっくりゆっくり開くんだよ。開くごとにみんな回転しながらこう入っていくのね。何人かずつ。転がって1人入った、1人入ったみたいな。でも広がらないわけよ。みんな押してきてるから。こうやってなんとか入って、ようやく取れたニューパルサー。やっと取れたと思ったら、横の人はトイレから持ってきたトイレットペーパーで血まみれの腕を巻いて、血まみれになりながらニューパルル打ってた。

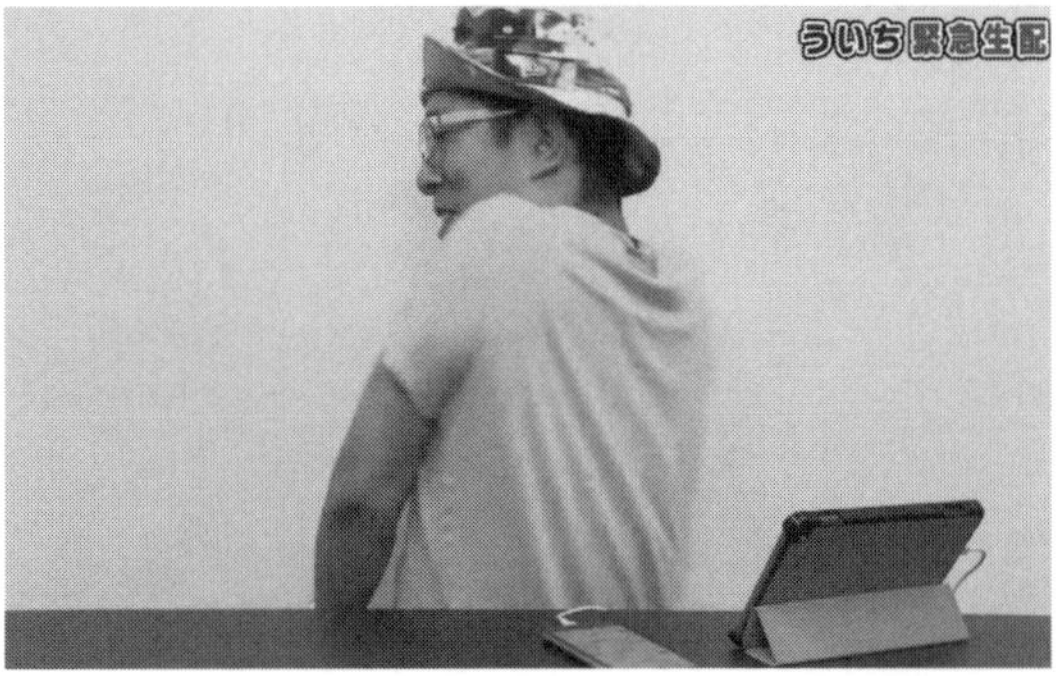

スタッフ　アハハハ。

ういち　あれはすごかったよね。昔、丸い座面で横に動くタイプの椅子があったんだけど、開店と同時になくなるのよ。前の人が奥に持ってっちゃうから。それで、椅子がないから立ちながら打ってると、店員が椅子

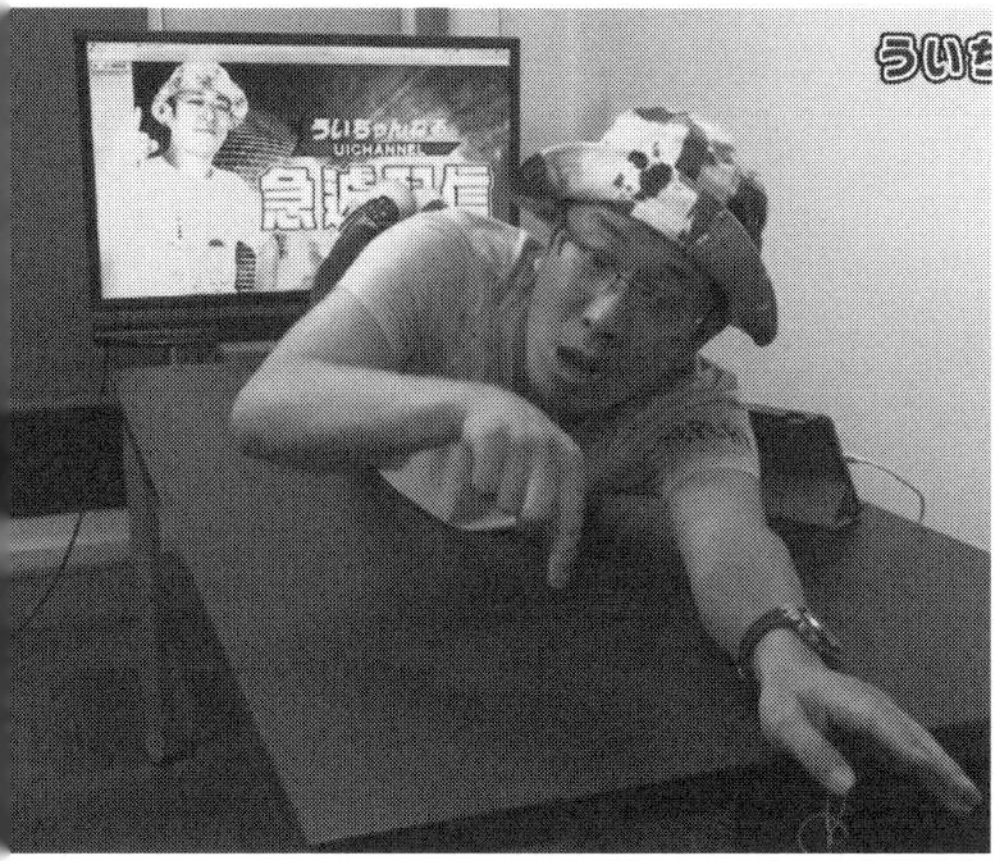

持ってくるシステムがあったんだけど、あの頃って自動ドアが同時に開くんだよね。5ヶ所なら5ヶ所一気に。だからどの自動ドアが今日入る新台の設置される位置に最も近いかっていうのを、あそこから行くと渋滞に巻き込まれるから裏から回った方が早いんじゃねえか、みたいのをみんな作戦を練りながら各々の狙ポジションに陣取るんだよね。当時、大阪でサンテレビの番組をやってた関係で、そういうのを見てくれてるおっかない知り合いも結構いたんですよ。完全に本物ではないんだけれども、そういう偉いさんたちとも一緒に打ちに行こうぜ、みたいな話があって。お偉いさんなんで、若い衆みたいのもついてくるわけですね。そうするとみんなでこの店の開店はこうこうだから、みたいに話し合って。若い衆をあっちに散らして、あっちに行ってお前が行けたらライター置いとけよ、みたいなのも昔だからあったわけ。もう若い衆が血眼で行ってババッとライター置いて「押さえました」とかもあった時代なんだけど、俺も連れて行かれたことがあって。でもそんな人混みに入りたくない。でも取れないからな、と思って椅子と一緒にグチャグチャになりながら行ったら、なんでかわかんないけど新台コーナーからもう人が戻ってきて。「あれじゃ無理だろう」みたいなことを言いながら戻ってきてた。そしたら俺の当時の知り合いの中でも群を抜いておっかなかった人が、椅子に寝そべって。4つぐらい椅子あんのよ。「ういち君ココ！ういち君ココ！」って。

スタッフ　アハハハ。

ういち　椅子の上にこうやってるおじさんがいたから、みんなおっかなくて台が取れなくて。「取れたから打とうぜ！」って言われて、そんなもん打てるわけねえじゃん、と思って。

スタッフ　アハハハ。

ういち　当時はもちろんネットもないし、そういうのがまかり通ってた時代よね。

2-9 最強の読み間違い

2021／2／5 ういちゃんねる

該当箇所のタイム
0：51：50 ～

共演：なし

該当箇所リンク

動画リンク

ういち　漢字の読み間違いとかあるじゃない。例えば、「すいません、ドラコーさん僕好きなんですけど今日来てないんですか？」とか言われて、ドラコー、ドラコー、ドラ広さんかな？　って言ったら「ああ、ハイ」みたいな人もいたし、一番ビックリしたのは、イベントをそのホールがやってた時に、みんな台番なんじゃないかとか、今日はあの機種が全6なんじゃないかとか色々探し回ってみんながパチスロを打つじゃない。その時に俺のところに来た客が、「ういちさん、今日スエオじゃないですか？」って言うからスエオ…え？　「今日絶対スエオでしょ」みたいに見抜いた系で言われたの。スエオか…いや、でもそうかもね～って言った。分かんなかったから。サッパリ分からなくて、そのまま過ごして、ある日突然頭の中にパチンって来て、これ「末尾」じゃねえのかって。

スタッフ　アハハハ。

ういち　末尾だって思って。そうかあの人は台番末尾7とかそういうことが言いたかったんだって、数ヶ月経ってから気づくという。伝説的なスエオ事件もありましたね。

スタッフ　アハハハ。

ういち　あれが読み間違いの中で俺が一番面白かった、優勝No・1スエオ。あれは本当に凄かった。読み方間違っちゃう字は結構あって、その人をどうこう言うわけじゃないけど、あれは優勝。間違いない。オモダの読み間違いも大概面白いんですけどね。一個だけホワイトボードに書いてみます。

（準備中）

ういち　ANAのアプリあるじゃない。飛んでる最中に残り時間とか見られるんだよね。どこ飛んでるとか。それで、ホームページの画面の中にこういう感じで出てたんだよ。「目的地まで0h31m」って。オモダはこれを見て、「なんで驚いてるんですか?」っていうの。

スタッフ　アハハハ。

ういち　驚いてるっていう意味がもう分からなくて、いや別に驚いてはないだろうと。31分っていう意味だよと。「え?　驚いてますよね」っていうから驚いてはいないけど、どういうことかとよくよく見たら、「目的地までオー!　31メートル!」ってアイツ読んだんだよ。

スタッフ　アハハハ。

ういち　そんな人いる?　と思って。アイツが天才たるゆえんというか、まあそういう所なんですけど、あの人が使われている理由って。だから特大のホームランを適時打ってくれないと。あのコース狙って打てないから。

第3章

ういちとショッキング語録

衝撃を受けたおことば

3-1

絶対は絶対ないよ

マンスリー桧村さん

ボートレースを見続けて50年以上になるマンスリーボートレースの桧村さん。私はオジキと呼んでいますが、オジキと一緒に配信をやった時にも、いつもの様に僕の買い目を見て「そんなの来るわけないだろう」とか、「タイム見たらわかんだろ」なんて批判コメントが来たんですよね。そしたらそれを見たオジキが一言。

「絶対は絶対ないからね」

これは刺さりましたね。そうよね、そうなんですよ。どれだけ上手い人でも前が邪魔なら出て行けないし、何かのはずみでミスする事はあるわけで。絶対負けない人なんていないんですから、どんな予想にも可能性はあるわけなんですよ。

いや〜、なんか肩の荷がスッとおりたといいますか、なんか妙な安心感ありましたよねぇ〜。

ま、ちょうどその頃オジキが出した本のキャッチコピーに

「絶対負けないボートレース」

って書いてあったんですけどね。「これ、何?」って聞いたら「なんか、これの方が売れるかなって」って舌をペロッと出してましたけどね。オジキ、絶対は絶対ないのよ!

絶対はないんじゃ…

3-2 展示でフライング切ってわかんなくなっちゃった

徳増秀樹選手

浜名湖の動画企画でお話を聞いた際の事。収録日直前の大村優勝戦で徳増選手がまさかのスタートドカ遅れ。僕の舟券が外れたのはまぁいいとして、艇界で5本の指に入るとまで言われるスタートの名手がなぜ遅れたのかを聞いたわけです。そしたら！

「展示で03のフライングを切った。それでわけわかんなく

徳増ドカ遅れ…なぜ？

なっちゃったのよ」

と言われたのです。いやぁ〜驚きました。名手というのは展示での遅れやFの調整が上手いから名手なのだとばっかり思っておりましたが、違いましたね。スタート勘が良すぎるだけに、展示での03のフライングですら、恐らくは勘と大幅にズレていたのでしょう。だからこその大混乱。「え？　あれでF？　あの起こしで？　え？　なんで？　なんで？」という状況になったのだろうなと思ったわけです。なるほどなぁ…もしかしたらスタート巧者ほど、ほんの少しのズレで動揺してしまうのかもなぁ…と、改めてボートレースの深さを知ったのでした。

3-3 安定板が付くから安心して攻められるんだよ

今村豊さん

艇界のレジェンド今村豊さんと配信でご一緒した時だったでしょうか。当日は水面が荒れ模様で、次のレースから安定板が付く事になりました。そこで僕が言ったわけです。「安定板が付くからもうおとなしいレースになりますかねぇ」と。それまで僕は『安定板が付く＝より一層インが強くなる』と聞いておりました。もちろん例外というか、その限りにあらずという事は何度もありましたが、基本的には外からの攻めが少なくなると考えていたわけです。ところが、そう考えて口を開いた僕の方を見て今村さんが言ったわけですよ。

定説覆される!?

「なんで？　舟を安定させる為に板が付くわけよ？　だから選手も安心して攻められるんだよ」

いや、そっちか！　そっちなのか！　一般的には僕の見解で間違ってないと思っていたのですが、選手、ましてやレジェンドから言われちゃうと、もう目から鱗と言いますか、ただただ口、あんぐりだったわけですよ、はい。

3-4 F1本くらい持ってた方が引き締まっててええわ

新田雄史選手

フライングはボートレーサーにとっては致命的な足枷であり、一度でも切ってしまうとそこからはスタートが攻められなくなる。ゆえに、出走表にFの表記がある人はスタートで凹むと考えて、その外に展開が…と、この話を聞くまでは考えておりました。いつだったでしょうか、新田選手と話す機会がありましてね、彼が当時フライングを一本持っていたものですから「スタート攻められないから辛いね」みたいな事を言ったんですよね。そしたらこう返ってきたわけです。

F1お構いなしかい!

「1本くらい持ってた方が引き締まってえぇわな」

これも衝撃的でしたねー。そして理解しました。誰もがFにビビるわけじゃないんだな、と。その後沢山の選手にお話を聞いて、当然この限りではないのだという事はわかりました。1本でもビビる人がいる中で、こんな考え方の人もいると。個人個人をしっかり追いかけてデータ取ったらビビる人、ビビらない人の区別、しっかりつくかも知れませんな。

3-5 体の中に線が6本ありますすね

菊地孝平選手

番組の企画でスタートの話になった時。大時計と空中線（コースの上に垂れ下がってる三角形の旗）の兼ね合いでスタートを見ていると。例えばですけど、残り3秒で体のどこを空中線が通過したか、とかでタイミング測ってるって言うわけですよ、菊地選手が。「え？体のどこを通過って…どこを？」ってなりますよね、当然。体のどことか言われても…全くピンときませんものねぇ？　で、よくよく聞いてみたらですよ。

彼は体の中に、平行に６本の

高精度センサーか！

線が（感覚的に）入っていると。

で、空中線がどこを通過したのかってので、早いだとか遅いだとかを察知するんだという
わけです。まーだピンと来ませんよそりゃ、この人何言ってんだってなりますよ。で、詳し
く聞いたらですよ。おでこだとか、頭のてっぺんとか、耳の前だとか、背中だとか。細かく
分けたら6本あるんだよと。時速80キロで走ってる中でそんな事できんのかよって話なんで
すけど、走る精密機械といっても過言ではない菊地選手の話なら頷くしかありません。そん
なに細かいのかよ…と愕然としておりましたらば、話を聞いていた茅原選手が一言。「凄い
っすねぇ～、僕、2本すよ」。それを聞いて少し安心したのも束の間、それでも2本あるの
かよと。レベルの高い選手達のレベルの高い話には驚かされる事しきりでございますな、はい。

参照動画　YouTube【ボートレース浜名湖公式】
帰ってきた！ういち　菊地孝平　茅原悠紀　SGボートレースメモリアルスペシャル対談（後編）10：46くらいから

3-6 遊園地行ってお金、増えますか？ 5万使って5万スったって言いますか？

ういち

これは僕の持論です。ボートレースをあまり知らない人から配信中にこんなコメントをもらう事があるんです。「そんなに負けて、そのお金でいろんなもの買えるのに」。確かにそう考える方もいらっしゃるかも知れませんせん。でも、ですよ。あなた、遊園地で1日楽しんで、それで5万円使ったとして、「5万スった」とは言いませんよね？

つまり、僕にとってボートレ

遊園地で使っただけ！

ースは遊園地なんですよ、

と説明してるわけなんです。それだけではありません。ボートレースは散々楽しんだ後に、結果としてお金が増えている事があるわけですよ。そんなのもう「いいんですかこんなの?」って話なわけじゃないですか。どうです? こう考えると、いや、ボートレースを楽しむってのは、こう考えないといけないいんじゃないのかなと、そう思うわけです。

3-7 あっ！ 700g増えてる！

ブラックマヨネーズ・吉田さん

予想をする際に見るデータはたくさんあります。フライングを持ってるか、平均スタートタイミング、コース別の成績、今節の調子、モーターの勝率、オリジナル展示データ、周回展示の雰囲気等々、人によって注視する部分が様々に異なります。そんな中、吉田さんはよく、体重の話をされます。この人は60kgもあるから…といった感じで。確かに、基準の体重を満たさない選手には500g単位で重量調整がされるような世界なんですから、数kgの違いは大きいだろうとは思うんですが、ただ、体重を気にして予想する人はそこまでいないんですよ、少なくとも僕の周りには。なんなら、見ないとこなんですよ。そんな細かい所を

普通気づきませんって

見てる時点で凄いなぁと思っていたんですが、ある日吉田さんが出走表を見ながら言ったんですよ。

「この人…一走目より700g増えてますすね…」

えっと思いながら一走目の出走表と見比べてみると、確かに700g増えてたんです。衝撃的でしたよね。そもそも一走目と二走目の間に体重計ったりなんて事があるって事すら知りませんでしたから。その後聞いた話によると、毎回ではないけど計量する事はあるそうで。そこで表記が変わる事が…おそらく今までも普通にあったのではないかなと。ただ…見ないよね？　そんなの見ないよね？　よしんば気が付いた所で…なんか変わる？

さすがは元ゴリゴリのパチプロ時代を経験した上でお笑い界の頂点に輝いた事があるお方ですよ。どんな些細な事でも見逃さない。これに気が付く時点で私、震えましたよね。そして同時に怖くなりました。勝負事でこの人の前で絶対インチキできないなって。そういえば「ここ千円いきます」って言って裏で二千円買ってたのも全部バレてましたからね。恐ろしいお方ですよ、ほんとに。

3-8 転覆で足色良くなる事があるからね

江戸川解説　桑原さん

これは鈴虫君づてに聞いた話です。転覆した選手の二走目なんて、悪くなる事しかない。そう思いながら部品交換データを見て「あれ、特に交換はないですね…てことはそこまでダメージなかったのかな」なんて考えていたんですが、

なんと転覆で足色がよくなる事があるそうで。

前走転覆は
足落ちするよね？

実は良くなることも!?

たしかに一走目より良い成績を残す人がいるのは分かっていましたが、それもまぁ展開によるものなんだろう程度に考えておりました。しかし…もうこうなってくると何か色々な「こうだからこう」が根底から覆って来ますわなぁ。今村さんに聞いた安定板の話もだし、いろんな選手から聞いたフライングの話もだし、もはや何を信じていいものやら…いや、だから面白くやれるんですけどね。正解がないってのがいいところなんですから。

3-9 峰さんのターンが上手いと思った事はないですね

茅原悠紀選手

峰選手といえば、艇界最強、何に関してもトップレベルの実力を持っている、なんとなくそんなイメージを持たれてる方も多いかと思います。そんな峰選手のターンを

「上手いと思った事がない」

と茅原選手が言ったわけです。その後さらに彼は付け加えました。

「あんなに暴れないでしょ、舟」

うそ〜ん!

とニヤリ。さすがトップレベルの選手達は違うなぁ、確かに自分より上だと認めた時点でその人を超えるのは難しくなる気がするもんなぁ…なんて勝手に考えておりましたらば、ちょっと違いましたね。「峰選手が本当に上手いのは、ターンに入る前なんです。そこでの艇間の取り方。ターンに入るハンドルを切るまでの艇間の取り方が、レーサーで3本の指に入る上手さです」とのことでした。ちなみにもう一人。白井英治選手もこれが上手いんだそうで、菊地選手、茅原選手は今、白井選手を目指しているんだとおっしゃられていました。

参照動画　YouTube【ボートレース浜名湖公式】
帰ってきた!:ういち　菊地孝平　茅原悠紀　SGボートレースメモリアルスペシャル対談（後編）14:50くらいから

3-10

落ち着くわぁ～

内山君

配信でこっぴどく負けるとたいそう凹むんですが、そんな心の隙間を狙って必ずと言っていいほど、この一言だけのＬＩＮＥが届きます。負けてる人あるあるだと思うんですけど、自分より負けてる人を見るとなぜか落ちつく。あぁ、自分は最底辺じゃないんだ、まだ、もっと下がいるんだと、妙な安心感を得る事ができるんですよね。心理学的に、嫌な事があったのを人に話すと妙に落ち着くという「カタルシス効果」なるものがあるらしいのですが、それに近いんじゃないかと思います。

お互い様だけどね！

とにかく、傷は舐め合いたい。欲を言えば、舐め合う相手の傷は、自分よりも深くあって欲しい。

僕と内山くんは、おそらくどっちもこう思って、お互いがやられるのを楽しみにしているのです。こっちはこっちでそういうLINEが来る事によって、あぁ、見てて貰えたか、なんか…救いがあったな…と思ってるわけですしね。今年も内山くんに何度助けられた事か…これからも頼むよぉ～（ニヤリ）。

3-11

テレボート口座に追加入金したことはない

ボートボーイ三島さん

そもそも都市伝説なのではと思っています。なぜなら、僕自身が直接聞いたわけではないからです。ただ、三島さんとちょこちょこ会う人、数人が「って言ってました」と言うもんですから、こりゃマジなんだろうなと思っております。でも、そんな事あります？ どれだけ上手い人だって、ひたすら負け続ける時くらいあるでしょう？ そんなに負けないの？ ってか、ひたすら勝ってるって…事？ と考えをめぐらせた時に気がついてしまったわけです。

ははぁ。なるほどね。三島さんの口座に10億円入ってるんだなと。

そう考えれば全てに合点がいきますもんね。もちろん確認したわけじゃないんですけどね、多分入ってますねこれ、10億。

これだけあれば！

3章おまけ よく言われるチャットコメントに物申す！

そんなの予想じゃない

僕はよく、オッズ配分を見て買い目を決める事があります。例えばよく言う「ういち買い」。1－234－56という買い方ですが、これを出すとちょこちょこ言われるんですよ、「そんなの予想じゃねーじゃねーか」って。そうなんです。予想じゃないんですよこんなの。内で決まるだろうな、でも3着に56がからんだって…なんもおかしくはないのになんでこんなつくんだ？　って思ってやってるだけなので。ただ、ですよ。我々配信者は予想会というよりも、自分はどこを買うかを発表してるだけだと思ってますので、これでいいんじゃないのと思うわけですよ。そもそも、もっとちゃんと予想したら的中率あがるのか？　あがらんよね？　ってのもあります。真剣に予想して的中率あがるんだったらもっともっと真剣にやってるだろうし、本当にそういうものなのであれば、勉強がめんどくさくてこんな事やってる人間ですから、とっくにボートレースがつまんなくなってるんじゃないかなと思います。

何年やっても勉強しないな

これはハズれた時。また抜けたとか、この展開でこうなったらここの頭じゃんとか、レース後に反省の弁を述べている時によく言われるわけですが、残念ですが勉強してないんじゃないんです。全くの逆。真逆でございます。パチスロやる人ならわかると思うんですが、始めた当初にボーナス回数が多い台が良い台だからそれに座りな、と言われて台を選んでいた時の方が迷いは少ないですよね？　ところが知識を付けてくるとどうですか？　弱チェリーの数は？　スイカからのCZ突入率どうだった？　そこからどれだけボーナス出てきた？　強チェリー引けてる？　終了画面でどんな示唆出た？　と、挙げればきりがないほど要素が出てきます。そしてそれら全てが良い挙動を示すなんてことは、まずありません。この数値を見れば高設定、でもこっちを参考にしたら中間設定、でもボーナス確率は低設定。こんな事ばっかりです。つまり、知識をつければつけるほど、悩む要素は増えていくわけですね。

だから悩むんだし、ハズれるんだよ。もっといえば、そう考えないと落ち着けねーだろ！

って話なんですけどね、えぇ。

ボートに逃げてきたパチンカスライター

いまだにたまに言われてびっくりするんですが、まず、「逃げる」という表現ね。わーパチンコ業界しごとねーわー！　よし、ボートに逃げるかー…で、即、ボート業界で仕事できると思います？　ボート業界ってそんなに簡単なの？　だったら羨ましがってる人、全員今すぐやればいいよね？　全員逃げてくれればば？　ってなりますわな。当然の事ながら僕の周りにも、パチンコ業界で仕事がないからボートレースの仕事をもらいにきました、みたいな人は一人もいないんですよ。むしろ逆。呼ばれて来てるわけ。多分ですけど、パチンコ業界にボート配信に適した人が多いんじゃないでしょうか。動画でカメラの前で喋るのに慣れてるし、ギャンブルという観点でお金を使う事にも抵抗はないし。

やりたいって言えば誰でもやれるような仕事だったら、あんなに偏ったキャスティングにもならないよねぇ。

ギャラで舟券買ってるだけなので痛くも痒くもありませんw

これはもう究極におバカなコメントなんですけど、普通にあなた方、仕事してますよね？　そのお金でボートレースを楽しんでいらっしゃる。じゃ、どんな仕事してますか？　ってのが、たまたま僕らはボートレースの配信なだけなわけですよ。仕事で稼いだお金でボートやるって図式は、あなたがたと全く一緒なわけ。全く痛くないってのは、ギャラと舟券購入費が別だとでも思ってるんでしょうか。だったら最高！　って言うと思います？　痛くも痒くもないお金が減るのって、多分クソほど面白くないと思うんですよね。稼いだお金…というか、稼ぐ予定のお金がその場で減ったり増えたりしてる、これが配信というお仕事なのですよ。

下手くそだなぁ

これもよく言われますけどね、周りを見て、あなたが上手いと思ってる人を思い浮かべてごらんなさい。その人、人の買い目や結果を見て「おまえ下手くそだな」って言いますか？僕の周りにいる人でそういう人、一人もいないんですよね。なんでだか分からないから人にこういう事言えるんだろうと思うので説明しておきましょうか。ボートレースに絶対はないの。オジキも言ってたでしょう？　50年からボートレースを見続けてる人だって、というか、長い事見続けてるからこそ、何があっても不思議ではないと分かっている。つまり、分かっている人ほど、他人の買い目に否定的な意見を言えなくなるわけなんですよね。人に下手くそだなと言える人は、ボートレース歴が浅い、もしくは経験が足りないってことになりますから、「下手くそだな！」＝僕は初心者なんですけど！　って言ってる事と同じじって意味になりますからね。十分お気をつけあそばせ！

第4章

うんちとうんちく

ためになるかもしれない話

探究心あります！

この業界に本格的に関わるようになって丸10年が経とうとしております。元来の好奇心旺盛な性格が幸いしたのか、選手、整備士さん、記者さん等々、とにかくありとあらゆる方々からいろんな話を聞きまくって来ました。その中にはレースの予想には全く役にたたないかも知れない情報も山のようにあるわけなんですが、そういう話でも知ってた方がよりレースを面白く見られるなんて事があるわけです。また、一般的にはこう言われているけど、よくよく調べたら全く逆だったとか、そう思っていたけど実際なんでなのかよく知らなかったとか、そういう細かいネタも配信ではちょくちょく出てきます。面白い事に、同じ質問をしても答えてくれる方によって全く違う意見が聞けたりする事もあります。で、こういう話を配信でする事によって、視聴者の方から新たな疑問提示があったり、そういえばそこって…どうなってるんだろうね…よし、今度聞いてみるよ！　的な発展があったりして、次に繋がっていくと。正直、知ってても知らなくてもボートレースは楽しめるわけなんですが、知ってたらより…いや、より悩む事が増えるだけかも知れませんわ。ただ、ボートレースファンなら「へぇ～！」となる話、そして友達同士でボートの話題になった時にちょっとだけ得意げに話ができるようなネタもあったりしますから。その一部をまとめてご覧いただきたいと思います。

4-1 ボートレースの遊び方

2023/6/11　宮島

該当箇所のタイム

4:07:58～

共演：島田玲奈

該当箇所リンク

動画リンク

（視聴者質問・予算が1万円しかないです。ういちさんならどうして遊びますか？）

ういち　1万円か～。まず僕だったら2500円4点にしようと考えます。

島田　1レースで1万円使うとしたら？

ういち　僕は2500円均等買い4点にして、ここのインは逃げるだろう。そこから2着はこの人で、2500円均等買いで勝負だ、というのをやれるかどうかをジーッと見ていきます。だからやらないレースもある。

島田　やれないってなったら、やらない？

ういち　やらない。これが意外と面白いんです。マジで真剣に2500円の4点を考えるから、ずっとこのレース考えて、いや~無理だ、決めきれないってなって、答え合わせをするのがすごい面白いのよ。
島田　へえ。結局当たる時もある？
ういち　当たることももちろんあるし、うわ~ここにしときゃあよかった~となるけど、外れた時に真剣に考えてるから、こうならないとこうなるんだ~とかめっちゃ面白いよ、ホントに。
島田　ココや、イケる！　と思った時に？
ういち　そう。12レースまでを1万円でどう遊ぼうっていう風にするのももちろんありですけど、僕だったら真剣に考えて、その4点で勝負できるところが見つかるかどうかで、やるやらないまで決めていきますね。
島田　おもしろ~い。なるほど。
ういち　配信の時にテレボートでやると、お金が残るじゃない。
島田　はい。
ういち　それでどうしようって帰りの新幹線でめっちゃ悩む。
島田　なるほど、それが楽しいんだ。
ういち　それで悩んで悩んで。別にやっている場は1場だけじゃないから、ちょっと待てよ。他の場の近いレース見てみよう、とかずーっと考えて、そうしたらさっきのレースの締め切りが過ぎてて、どうなったのかなとか答え合わせするのもメッチャ面白い。

島田　楽しんでるなあ。
ういち　すっごい面白いですよ。そういうやり方していくと。無理してここも当てて、次も全部当てきって、

今日を満喫しようと考えなくても実は楽しめたりもするから。

島田　なるほど～。ここで3千円、ここで5千円とかではなくてってことね。

ういち　うん。僕だったらそうするかなって。

島田　面白い。凄い。

ういち　（視聴者の書き込みに対して）そう、これは疲れる。それはね、ホント疲れる。わかる。でもそれすら面白いから。

島田　へえ。やってみよう。

ういち　それで1回煮詰まったところで、他の場で締め切りが近いとこないのかしら、こっちの方がもしかしたらいいかもしれない、みたいなことを考えてあっちゃこっちゃ見てます。

島田　なるほどね。

ういち　決まった時も気持ちいいし。

島田　確かに、メッチャ気持ちよさそう。

ういち　ただやっぱ人間不思議なもんで、一発目が決まるとあっという間に紐が緩むのね。

島田　あ、なるほどね。

ういち　で、いまいち絞り切れてないのに手出してみたり、（投資が）1万円から増えてなくなる。

島田　アハハハ。

ういち　あとね、比較的おすすめなのが、全場の12レースのどこかに仕込む。その日諦めるわけじゃなくて、結局後半のレースの方がインが逃げる堅いレースが組まれてることが多いから、全場の中からココって決めて、ワクワクしながら他のことやって。これも楽しい。

島田　色々楽しみ方のレパートリーがあ。

ういち　うん。色々試しましたからね。

島田　へえ。みんなそれぞれあるなあ。

ういち　そのワクワクしている間、割とモチベーションが上がるっていうか、パチンコの仕事が忙しかった時とか朝パンパンっと仕込んで、一日楽しんでました。

島田　いいボートの使い方ですね。

ういち　一日ワクワクしながら。

島田　でもドーンとならないですか？　頑張って頑張ってみたら全然あたってない時。

ういち　それで終わりじゃん、でも。

島田　もうそこからできないのか、（最終レース）終わってるから。

ういち　そうそう。

島田　まあ負けたとて、ここまでと。賢い。

ういち　おすすめです。レースを選べば進入に動きはないだろうし、4点とか8点ならG1でガミることはないから。凄いワクワクしながら他のことができるという。あれも良かったですね。

注

島田玲奈

元NMB48。多くのボートレース番組に出演している。そのキュートさに惹かれるファンは多いが、舟券がハズれた時の飾らないリアクションも観ていて楽しい。

4-2 スタート展示のF

2022／3／8　宮島

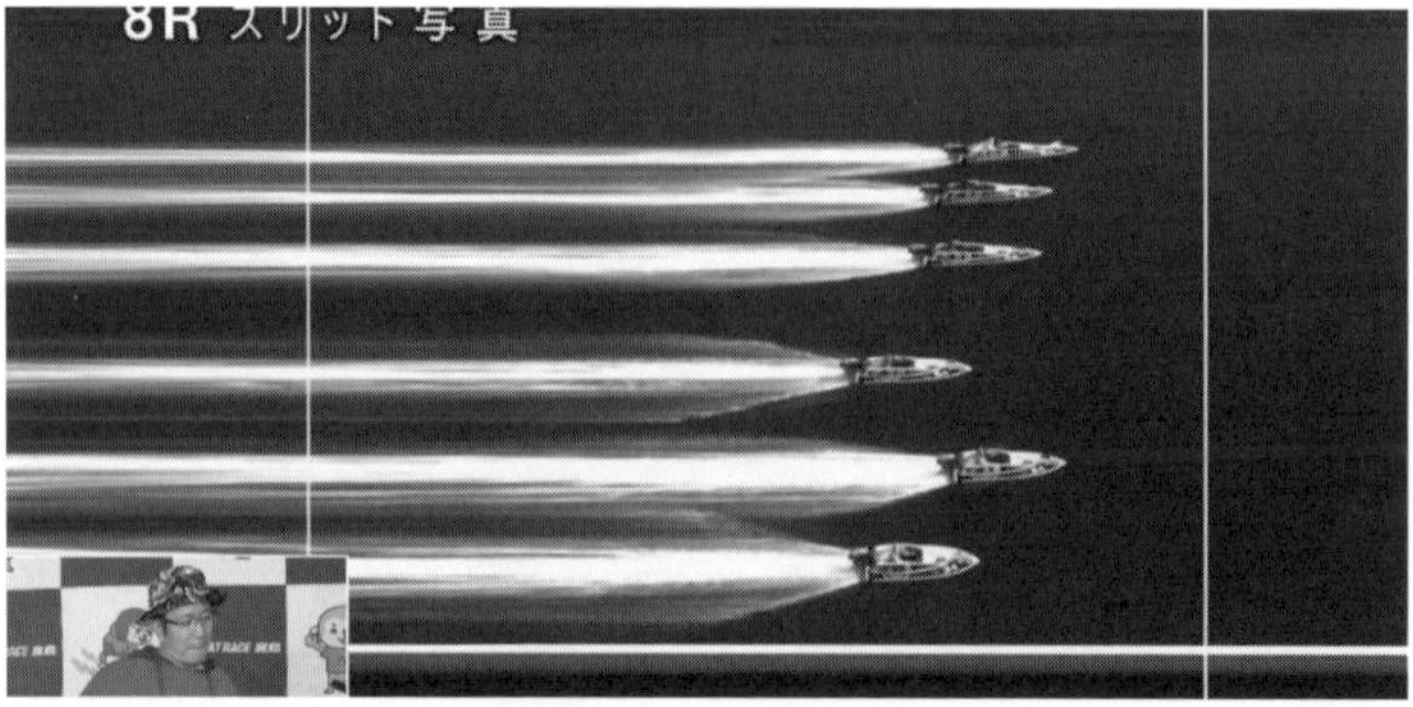

該当箇所のタイム

4：12：58 ～

共演：島田玲奈・オモダミンC

該当箇所リンク

動画リンク

（視聴者質問・スタート展示でフライングする理由は何ですか？）

ういち　スタート展示は基本的には、みんなここだっていうところから全速で行くんですよね。全速で今のところから起こしてみたらフライングなんだ。じゃあ、もうちょっと起こすのを遅めにしなきゃいけないのか、もうちょっと離れたところから起こさなきゃいけない、みたいのを調べるので全速で行くらしいんですが、滅茶苦茶スタートが上手い人だと、スタート勘が冴え渡っているだけに、展示で01とかフライングするだけで『しまった。なんでだ、この俺が』みたいになるらしいですね。徳増さんとか菊ちゃん（菊地孝平）とかは、展示で01のフライング切って訳わかんなくなるとか、たまに聞くんで。

島田　凄い。

ういち　この俺がアレでフライングなのってなって。

島田　どうしようってなっちゃうってこと？

ういち　うん。って言ってたよ、菊ちゃん。

島田　すご。プロフェッショナル。

ういち　徳増さんが言ってたのは03のフライングで言ってたでしょう。菊ちゃんは01の時に言ってたんだよね。割と多くの人は、これぐらいならこれぐらいなんだ、っていう調べ方をしてる人が多いです。あくまで僕が聞いた色んな人の話だからね。他にも色んなパターンの人がいるかもしれないし。

注

スタート展示
本番のスタートを想定したコース取りとスタートを行うこと。1 マークを先取る艇を予想するのには欠かせない。

01 のフライング
100 分の 1 秒フライングをすること。人間の感覚で推し量るのは非常に難しい。

フライング
スタートが所定の時間より早くなってしまうこと。ボートレースはフライングスタート形式で、フライングをした場合は失格となり、投票券は払い戻しとなる。

4-3 スタートうんちく

2022/1/19 宮島

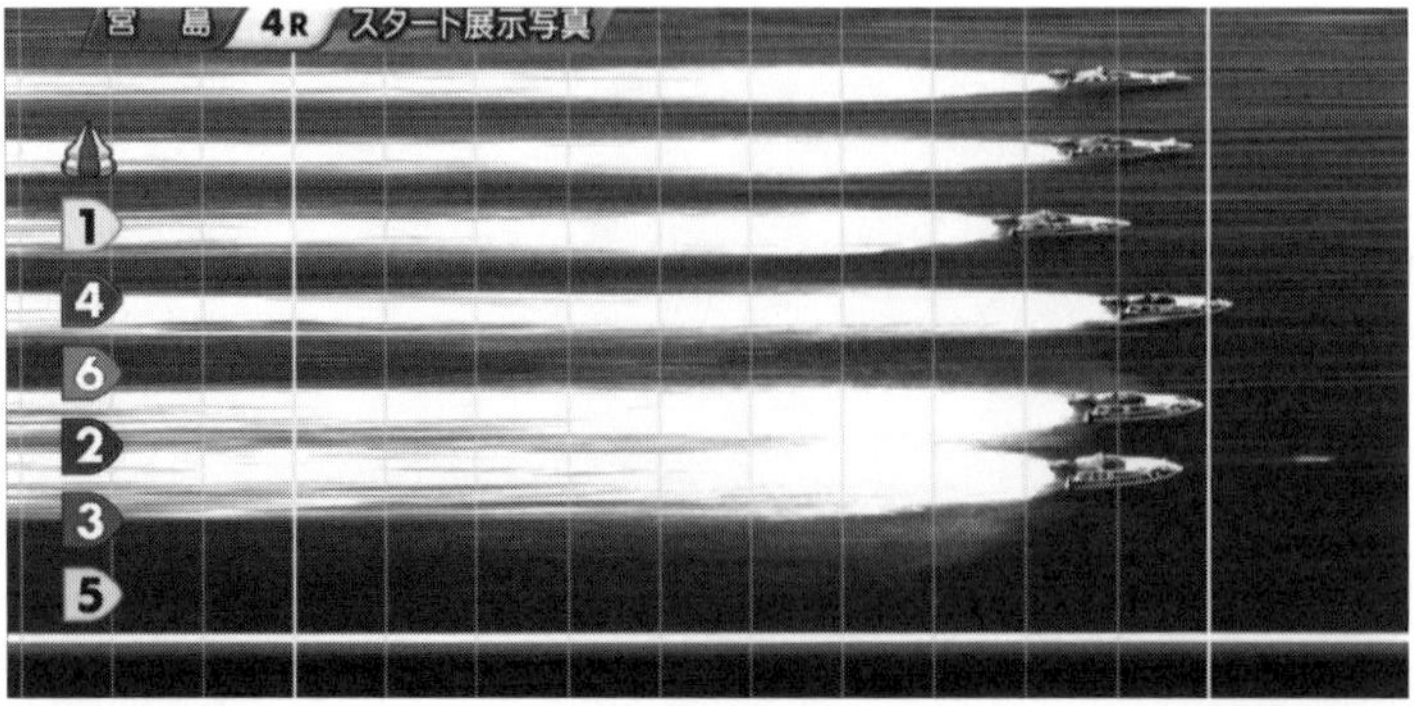

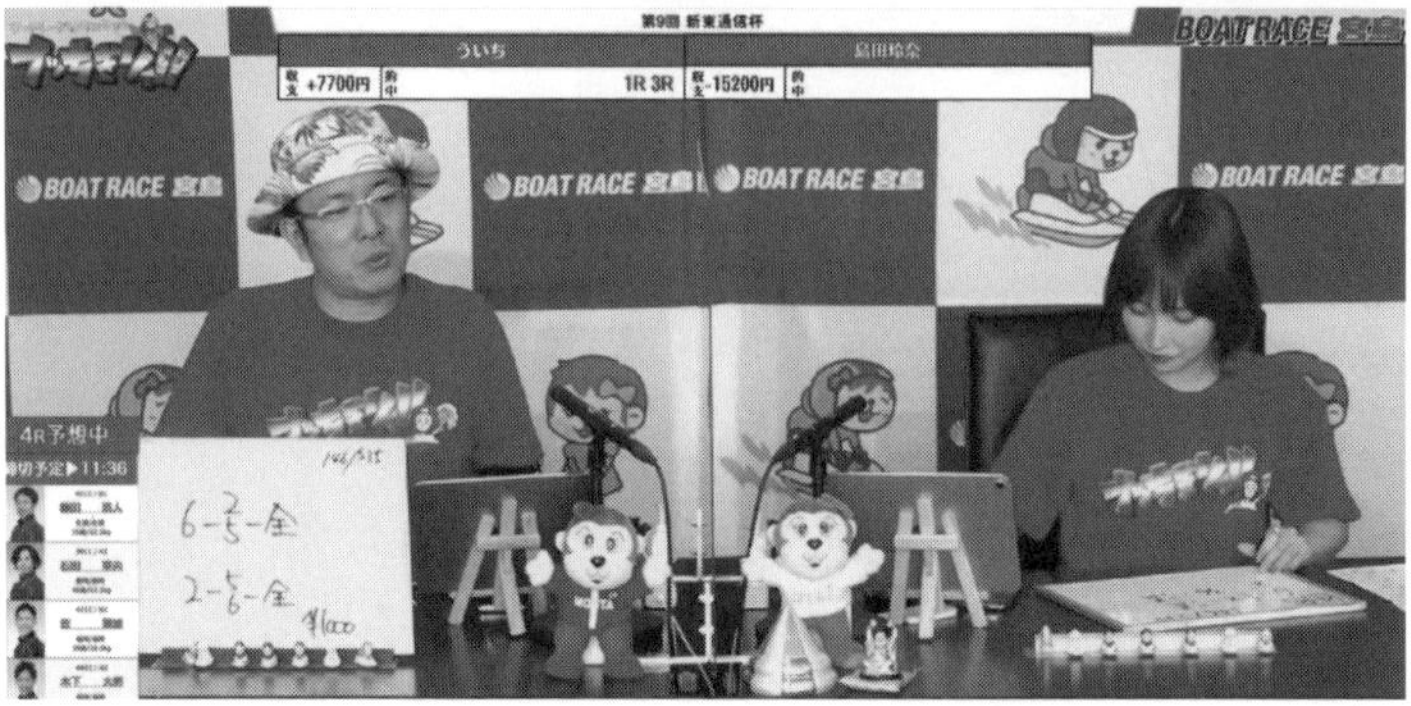

該当箇所のタイム
1：42：55 〜

共演：島田玲奈

該当箇所リンク

動画リンク

ういち　誰かに聞いたんだけど、展示でスローに構えた人が本番でダッシュに引くっていうのはできると。

島田　ああ、なるほど。

ういち　ダッシュの位置はいつでも変わらないから、展示でスローでやったところでダッシュもいつも通りいける。でも、展示でダッシュに構えた人が、本番スローにするのは凄く難しいんだっていうのは聞いた。

島田　それ、どこから始まるかも分からないですよね。

注
ダッシュとスロー
内側で助走距離が短い舟をスロー、外側で助走距離が長くなることをダッシュという。通常スローとダッシュは3艇ずつとなることが多い。

4-4 水面の秘密

2021／1／22 宮島

該当箇所のタイム
1：06：14 〜

該当箇所リンク

動画リンク

共演：鈴虫君・オモダミンC

ういち　俺らの持ってる水面のいい悪いって、だいぶ違うんじゃないかと最近思ったんだけど。

鈴虫君　はい。

ういち　今村さんに浜名湖の話聞いてたの。そしたらとても乗りやすくていい水面だと。

鈴虫君　ええ。

ういち　あんなに風吹いているのに、桐生みたいにバッチャンバッチャンなってる時ないですかって言ったら、そういう時もあるけど、総合的に見たらトップクラスだと。

他２人　へえ。

ういち　水面の良さは。多摩川なんて日本一の静水面と言われてるし、住之江も風も吹かないから、あっちのほうが全然いいと思ってましたと言ったら、そのへんも悪くはないけど浜名湖は全然いいと。

鈴虫君　へえ。

ういち　それでもまた俺だからさ。その日の夜に峰選手とお話をしたのよ。また同じこと聞いたわけ。

鈴虫君　はい。

ういち　そしたら峰選手が浜名湖はとても走りやすいと同じようなことを言ったから、全く同じようなことを返した。多摩川とか住之江の方がいい水面に見えるんだけどと。

鈴虫君　はい。

ういち　そしたら、見えるだけで、住之江なんて水が硬くて走りづらいって言ってたのよ。

オモダ　ふうん。

ういち　水の硬さによって舟がこう…何が面白かったの今?。

鈴虫君　あの…今村さんディスがちょっと入るかなと思って、なんかオチとかがあるのかなあと。

ういち　完全に笑う準備してる。顔がスタンバっちゃってるから。俺、今別におもしろなアレじゃないんだけどな。たまには、うんちくも語らせてくださいよ。うんちくでも何でもない。人が言った話を俺が言ってるだけなんだけど。住之江は硬いから水でこう跳ねるんだって。だから握るとバーンバーンバーンと流れていくっていうので、全然走りにくいっすよっていうのを峰選手が言ってましたね。

注

峰選手

峰竜太選手は言わずとしれたボートレース界のトップスター。最高峰の技術で高い1着率を誇るばかりか、レースの終盤まで上位を狙うアグレッシブなスタイルで、ファンの人気を集めている。

深谷選手

SG3度の優勝を誇るトップレーサー。浜名湖のある静岡支部所属。

4-5 2コースの位置取り

2021/8/2 宮島

該当箇所のタイム

5：02：53 ～

共演：玉ちゃん

該当箇所リンク

動画リンク

ういち　守田選手が2コースから差すイメージもありますよ。スタートは行く選手だから逆に行き過ぎて、待って待って（差す）にしちゃうと困るんですよね。なんか微妙に覗くのが一番やりづらいんですって、2コースって。俺は1より先に行った方が先に向きかえて待ってられる分、1が行った後に差すだけでしょって思ってたら、なんか微妙に覗いてる時が一番難しいんだっていうのは結構色んな人から（聞いた）、江戸川の桑原先生からも聞きましたね。それぐらいだったらむしろ遅れてたほうがいいと、江戸川に限っての話かもしれませんが。

注

守田選手

登録番号 3721 の守田俊介選手は、展示タイムは常に遅めだが、レースとなると圧倒的な実力を誇る SG レーサー。無類の寿司好きとしても有名。

桑原先生

ボートレース江戸川の解説を担当する元レーサー。「足の比較」やレース展開予想など、確かな眼力でファンの助けとなってくれる。なお、桑原将光選手は息子。

トピックス 2コースは難易度が高い

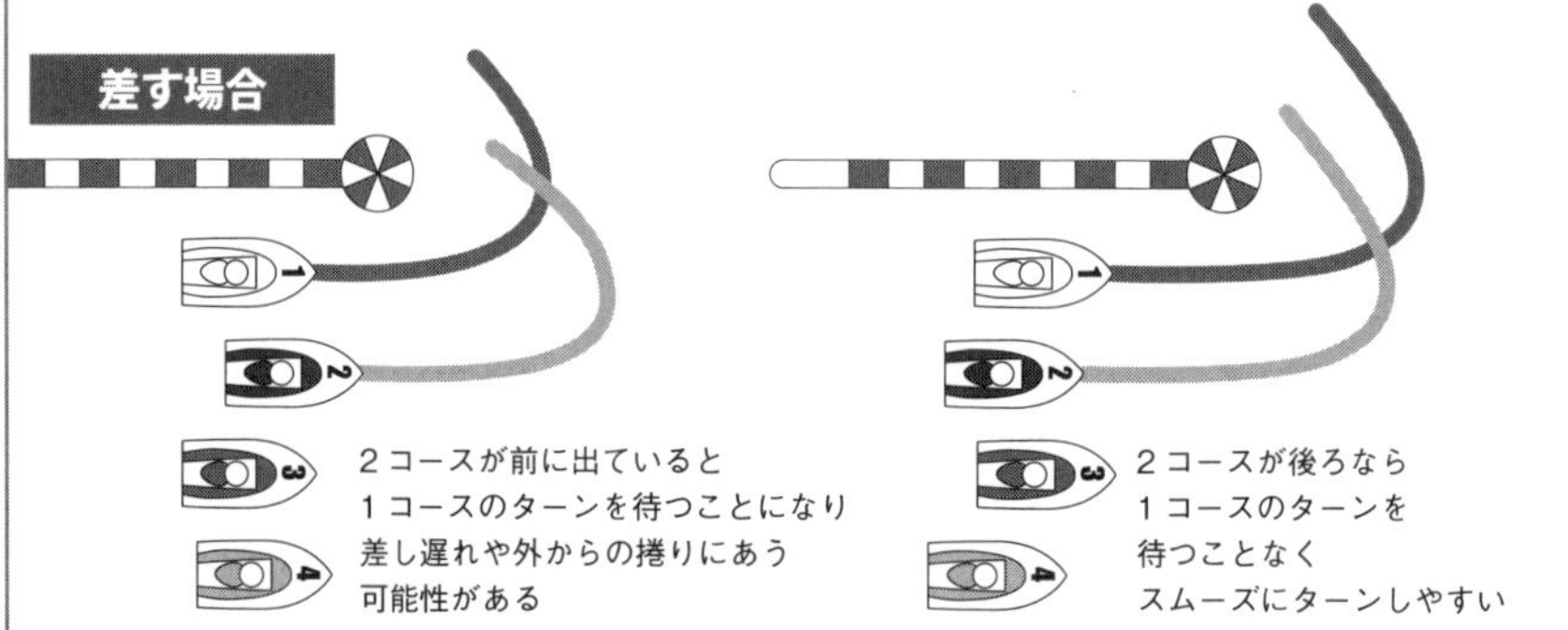

1コースのターンを
待つことなく
スムーズにターンしやすい

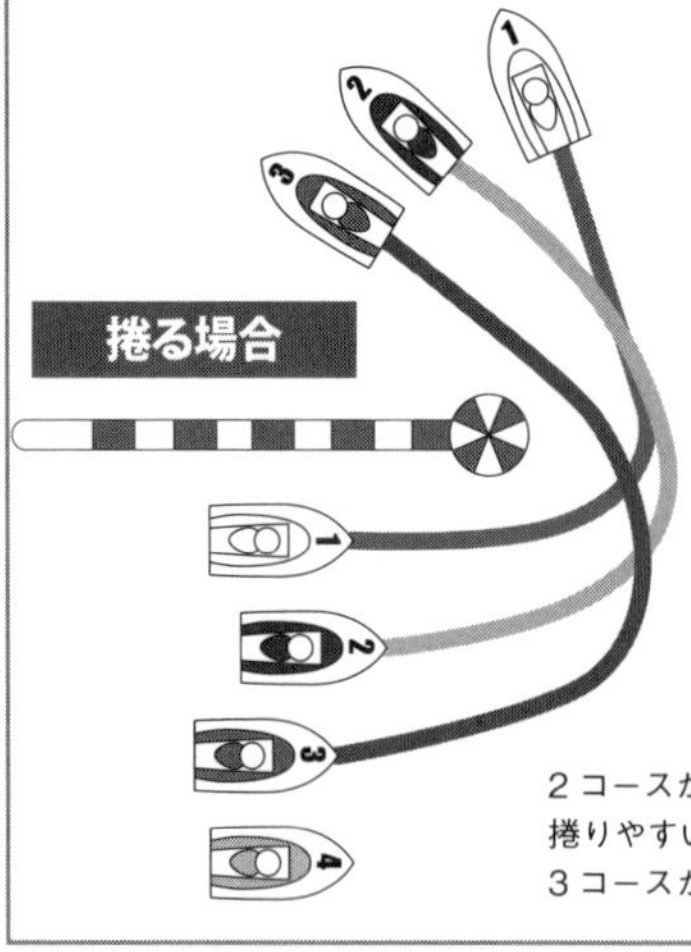
2コースが前に出ていると
1コースのターンを待つことになり
差し遅れや外からの捲りにあう
捲りやすいが
3コースから差される可能性が高い

差す場合は
引き波を越える必要があるので
角度とタイミングが
極めて重要！

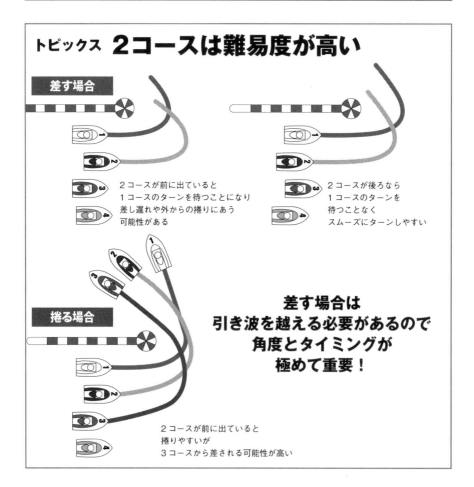

4-6 ボートの直し方

2021/3/10　江戸川

該当箇所のタイム
2：32：45 ～

共演：鈴虫君・オモダミンC

該当箇所リンク

動画リンク

ういち　まあちょっと派手に当たられてひっくり返ってますんで、コハネちゃんのボートは破損したんじゃないんでしょうかね。破損したボートがすごいよね。直す感じが、雨漏りしてる屋根に板張ったみたいな直し方するのよ。ガッツリ板が張り付いてる感じ。こんな感じでいいんですか？　みたいな。

オモダ　それ、水漏れないいんですかね？。

ういち　漏れるも何も水の抵抗とか、変わりそうな感じがしちゃって。割とワイルドな直し方するんだよね。

関係者　レース場によって処理の仕方が違うので、ウチの場合はキレイに直しています。

ういち　キレイに直すところもあるし、これでいいっしょみたいな所もあるんですかね。

注

ボート

ボートもモーターと同じく1年に1回交換となる。基本的にはボートの性能はモーターほどレースに影響しないが、水を吸うと重くなるため、破損などによるボート交換は有利に働くこともある。

トピックス ボートは選手コメントに注目

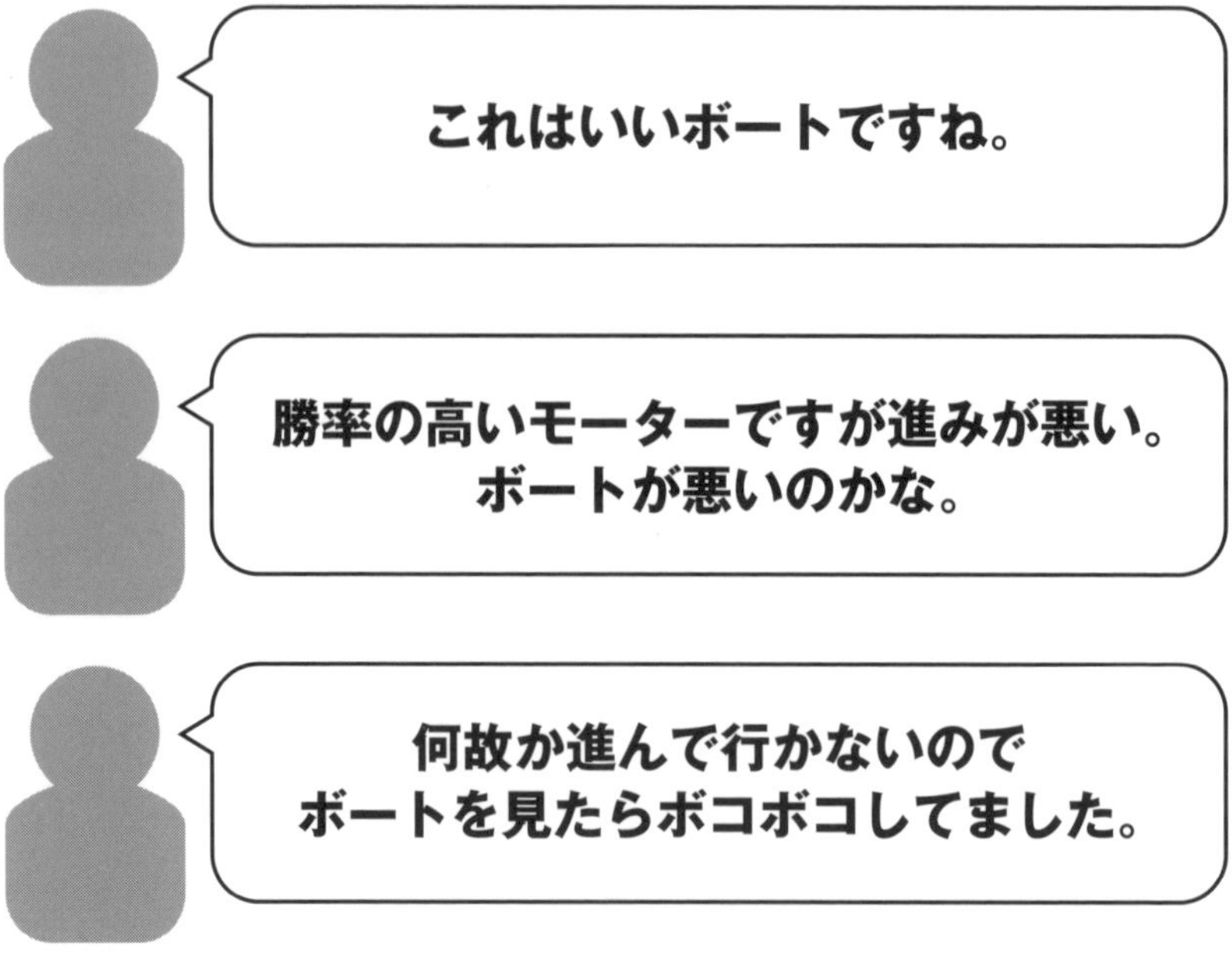
これはいいボートですね。
勝率の高いモーターですが進みが悪い。ボートが悪いのかな。
何故か進んで行かないのでボートを見たらボコボコしてました。

選手コメントはボートレースの専門誌（新聞）や各場のホームページに掲載されている

4-7 ボートの練習

2022／10／3　宮島

該当箇所のタイム

3：12：25〜

共演：岡島彩花

該当箇所リンク

動画リンク

ういち　さっき有富さんに練習の話をちょっとうかがったんですけど、各場によって微妙に違いはあるらしいんですが、練習する時にもやっぱり競争会の方とか、万が一のことを考えて救助艇の準備とか色々なきゃいけないらしいので、非開催の日に練習をするという場があるかどうか知らないけど、宮島では少なくとも非開催の日に練習してるって事はないと思うと。

岡島　うんうん。

ういち　開催中は選手たちがやる前に朝早く来て練習したりということができるらしくて、節間毎日新人の子が通ってきて、練習を熱心にするということはできるらしいですね。

岡島　へえ。

ういち　節間であればスタッフの方々はレースの準備でちゃんといら

っしゃるから、そういう時に練習をするということらしいです。住んでいるところが自分の所属支部と遠い選手は、自分の最寄りの場にお願いして同じように練習ができるみたいですね。モーニングの場だと、レースが終わった後に練習があったりするらしいですよ。

岡島　面白い。練習やっぱするんだ。

ういち　非開催で練習ができるかどうかは、他の場ではそういうシステムがあったりするのかもしれない。各場によって微妙に違いはあるようです。

岡島　ホントだ。芦屋は非開催でも練習してるって。

ういち　非開催でも練習するとなると結構なお金がかかるはずなんだよね。かといって、勝手に練習やっといてというわけには行かないようなので、万が一の事故に備えて監視する人がいることが必要みたいですね。

岡島　勉強になりますね。

> 注
>
> **(日本ボートレース)競走会**
>
> モーターボート競走法によるモーターボート競走の競技、選手の登録、選手の出場のあっせん等を行う組織。競走を公正かつ円滑に実施し、競走の健全な発展を図っている。

4-8 追配のモーター

2022／9／15 宮島

該当箇所のタイム
1：12：45～

共演：岡島彩花

該当箇所リンク

動画リンク

岡島 （視聴者質問）追加の人は来たその日にレースなんですか？ 違いますよね。前検みたいのやらなきゃいけないですよね。

ういち 追配の人もその前の日に来ます。今村さんに聞いたんだけど、予備のモータがあって、前検の日に予備のモーターの中からガラポンするらしい。悪いのばっかりなわけじゃないので、出てるモーターを引けば活躍できます。

岡島 へえ。

注
追配
レーサーの欠場によって生じた欠員を埋めるため、レーサーを追加であっせんすること。レース場の地元選手があっせんされることが多い。

4-9 ネイチャーレース

2021/10/6 江戸川 9R

枠	級別	登録番号/氏名
1	A2	4199 北川潤二
2	A1	4832 権藤俊光
3	B1	3883 山根大樹
4	B1	3624 大石和彦
5	B1	3753 河上哲也
6	A1	4535 北山康介

該当箇所のタイム

3:54:30 ～

共演：鈴虫君・オモダミンC

該当箇所リンク

動画リンク

ういち あ、1号艇に北川、6号艇に北山。やってんなこれ。

鈴虫君 ちょっと弱い。

ういち いやいや、良く見て良く見て。3号艇山根、4号艇大きな石、5号艇河の上。

鈴虫君 ホントだ。

ういち 一つの村を形成してますよ。山奥ネイチャーステークス。

一同 アハハハハ。

ういち これに気づいた時点で勝ちかな。このレース。

オモダ これをどう組むんですか?

スタッフ 全員ネイチャーですが。

ういち 良く考えてください。ひとりネイチャーじゃない人がいます。

オモダ でも5艇ですよ。

ういち これは2が切れるってことじゃないんですか? ノットネイチャー。ノットネイチャー切り。

オモダ　無理くりつけたら光とかもあるしなあ。権藤さんの。

ういち　光はこれ俊光だからなあ。藤の花はあるか、山奥に。じゃあ認定します。オールネイチャー。

一同　アハハハハ。

鈴虫君　それ言ったら次のレースも全員ネイチャーになりませんか？

ういち　マジ？　確認します。

スタッフ　日本人の名前って大体そうなんじゃ。

ういち　あれ？　アハハハ。田んぼが3人、岡に谷があって、藤の花があって、岩に橋が架かってて馬がいる。

一同　アハハハハハ。

鈴虫君　何だったらこっちの方が強めだったみたいな。

ういち　10Rストロングネイチャー認定します。ストロングネイチャーステークス。

一同　アハハハハ。

ういち　これは今番組マンの人がね、多分膝が震えてるだろうね。これを見抜いてくるかって。ガクガクガクって。嘘だろ、絶対にバレないと思ったのに。

枠	級別	登録番号／氏名
1	A2	4676 後藤隼之
2	A1	4504 前田将太
3	A2	4173 岡谷健吾
4	B1	4917 岩橋裕馬
5	B1	3630 黒田誠司
6	B1	5005 石田貴洋

注

番組マン

節間での決められた出走回数の中で、番組マンは自由に番組を編成できる。基本的に売上が上がる（買いやすい）ような編成が行われるが、稀に趣向のある編成が行われることもある。

第5章

ういちとボートレース

悪戦苦闘の舟券予想

勝手に出るハズレ技

「お前は持ってる」

と、よく言われます。ボートレースの配信演者は沢山いますが、その中でも群を抜いて劇的なハズれ方をする、という意味で、です。本当にそうなのかどうかは分かりませんが、自分でも本当に納得し難いハズレは数々経験してきました。それは自分の選択ミスである事も当然あるわけですが、自分でも自分が可哀想になってしまうようなハズれ方もたくさんありました。そんなの要らない。全部当たって欲しい。本心はこうに決まっているのですが、こと、配信を見てもらう為にと考えると…このハズれ方こそが、仕事を続けられている理由なのかも知れません。事実、僕が当たった時には祝福コメントと同時に「そこからハズれるのがお前だろうが」と、そっちを期待していた方々からのコメントもちょこちょこ来ますもんね。ただね、これが本当にやっかいでして。このハズれ方、自分でやろうとしたって絶対できないんですよ。つまり、全ては偶然なわけですよね。でも、だとするとどうして同じ事が他の演者さんに起こらないのだろう…？　と思いませんか？　これね、多分誰にでも起こってるんだと思うんですよね。う〜ん…考えても理由なんて分からないわけですが…それこそが「持ってる」って事なんでしょうか？　この章にはそんな言葉では説明できない程ドラマチックな出来事がまとめられていますが、当然の事ながらこれもごく一部でしかありません。気に入ったら是非ともこの面白をコメント欄のみんなと一緒にライブで体験しに来ていただきたいなと思います。

5-1 社長に救われた？

2021/10/17 江戸川1R

枠	1	2	3	4	5	6
級別	A1	A1	A1	A1	A1	A1
登録番号／氏名	4415 下出卓矢	4297 山田哲也	4494 河合佑樹	4645 上村純一	3944 山口裕二	4908 上田龍星

オモダミンCの買い目
34-56=全 各500円

鈴虫君の買い目
2-346-1346 各500円
4-2=全 各500円

ういちの買い目
1=2-全 各1000円
1-4-全 各1000円
4-6-全 各1000円

該当箇所のタイム
0：33：30～

該当箇所リンク

動画リンク

共演：鈴虫君・オモダミンC

（レーススタート）

鈴虫君　よし。2覗いた。絞れはしない。

ういち　よし、いい壁だ。ナイスターン！　はい1-2。

（1マークは1号艇の内側を2号艇が差して、接戦か？）

鈴虫君　222。2-1はない。抜

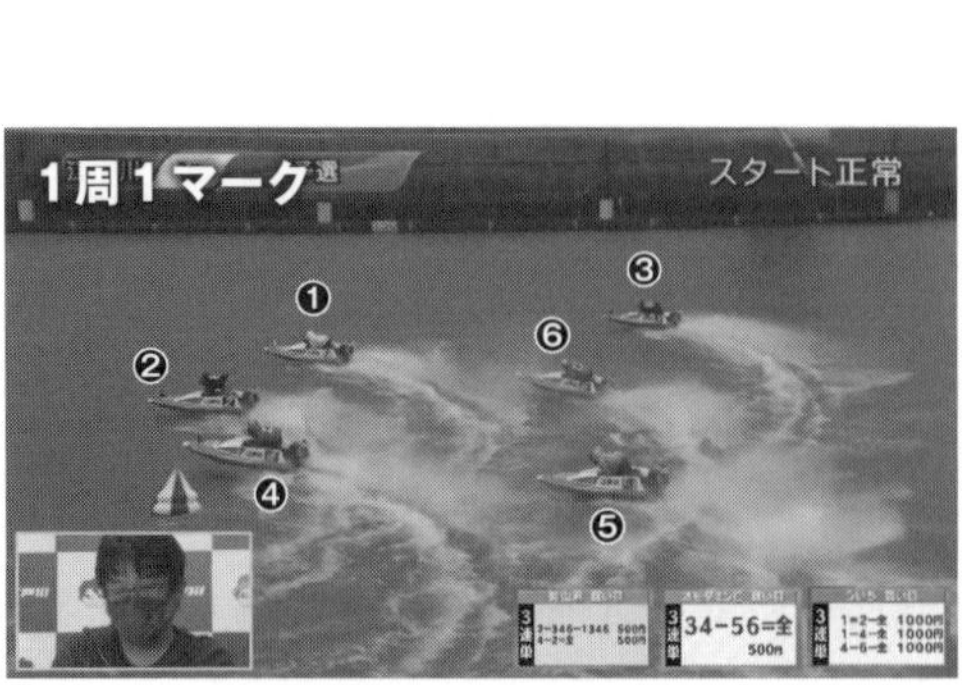

け目になる。

オモダ　444。

ういち　下出、差してもいいぞ。

（2マークは2号艇の外側を1号艇が回る。2番手は接戦）

ういち　あ～。OK。下出、オイ！やられてるぞ。

鈴虫君　よしよし。1伸びるな。なんであんなに伸びるの？

ういち　外ブン回れよ。オイ！

（2周1マークは1号艇が3号艇を外から交わして少し先行）

ういち　よしよしよし。

鈴虫君　1が伸び返してくるな。なんでそんなに伸びるの。

ういち　いいよいいよ、下出しっかり。

鈴虫君　河合さんナイスターン！

（2周2マークは3号艇が差して2番手へ）

ういち　あ～～！　やだ～～！　下出～！

鈴虫君　こうなったらもう。イケメン頼む。

ういち　内入っちゃってもいいよ。ああ、全然ダメだ。

（3周1マークは3号艇が2番手を

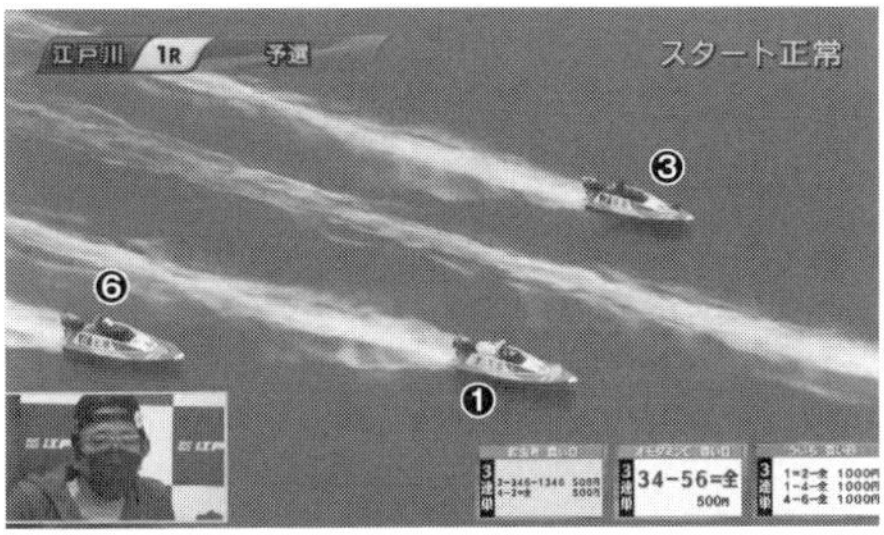

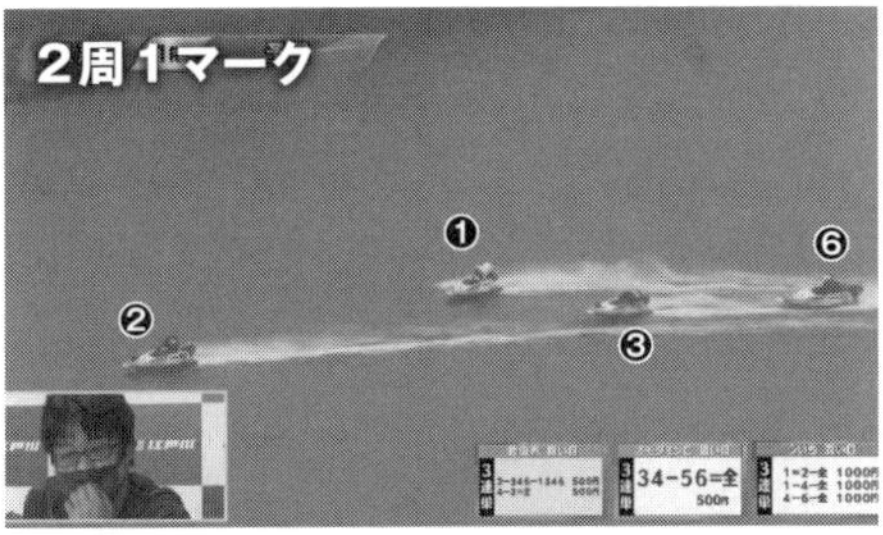

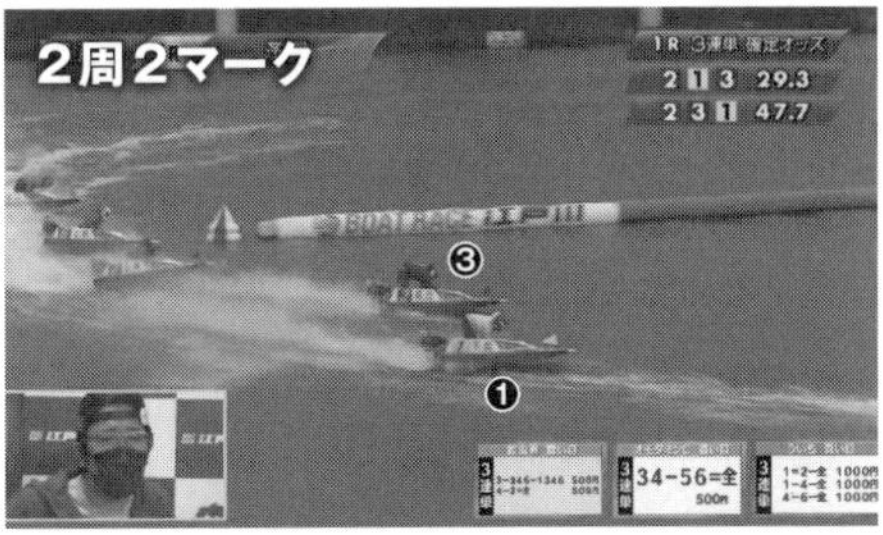

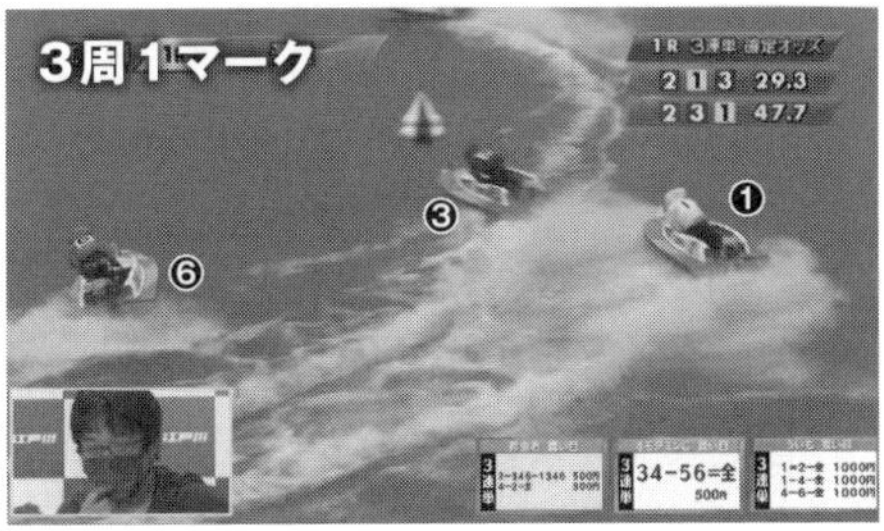

キープ）

鈴虫君　よし、1を3着に入れたのが。

うぃち　あ〜あ、また当たってたよ、ずっと。

鈴虫君　6こじろ。

社長　こじろ！　あるぞ龍星‼

（3周2マークはそのまま。2-3-1の47・7倍でゴール）

うぃち　アハハハハ。一番いい声出たの社長だわ。

鈴虫君　僕、24連敗が止まったのに、社長に潰されてるんですよ。俺が声出したいところだったんですよ今。

オモダ　6の方が高い？

鈴虫君　全然高い。

うぃち　アハハハハ。なんかハズれたのどうでも良くなったわ。メチャクチャ楽しんだよ。

鈴虫君　龍星！

うぃち　やっぱりこの楽しみ方が一人でやってちゃできないからさ。当たってる所からハズれて単純に悔しいところから、朗らかに終わるっていう。なんなら、ちょっと楽しかった方が勝ってる。1R面白かったわ。2周目まで激ギレ寸前だったのに、3周2マークで一気に楽しくなった。社長、龍星だけしか持ってなかったの？　ああ、236BOXか。

5-2 最近やらかす例のヤツ

2023/6/18 宮島・4R

枠	級別	登録番号/氏名
1	B1	3503 堂原洋史
2	A1	3978 齊藤仁
3	B1	3742 宮地秀祈
4	A2	3161 古場輝義
5	B1	3812 山崎聖司
6	B2	3338 出本正博

ういちの買い目

2-4-135	各2000円
4-2-135	各1000円
2-5-134	各1000円

島田玲奈の買い目

2-3-4	1000円
2-3-156	各500円
3-2-全	各300円

該当箇所のタイム

1：57：00～

共演：島田玲奈

該当箇所リンク

動画リンク

ういち　さあ、頑張っていこう！

（レーススタート）

島田　いけ！　ああ、1遅れてるね。ジカマ、ジカマ。

（1マークは2号艇が差して2頭に）

ういち　よし2－4。2－4から外がいいんだけどなあ。

（2マークは6号艇が好旋回で3着

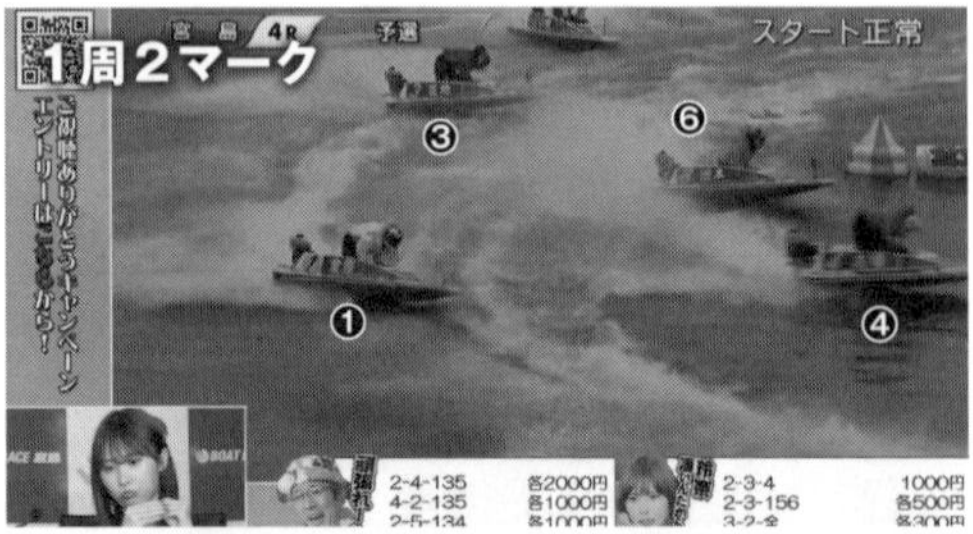

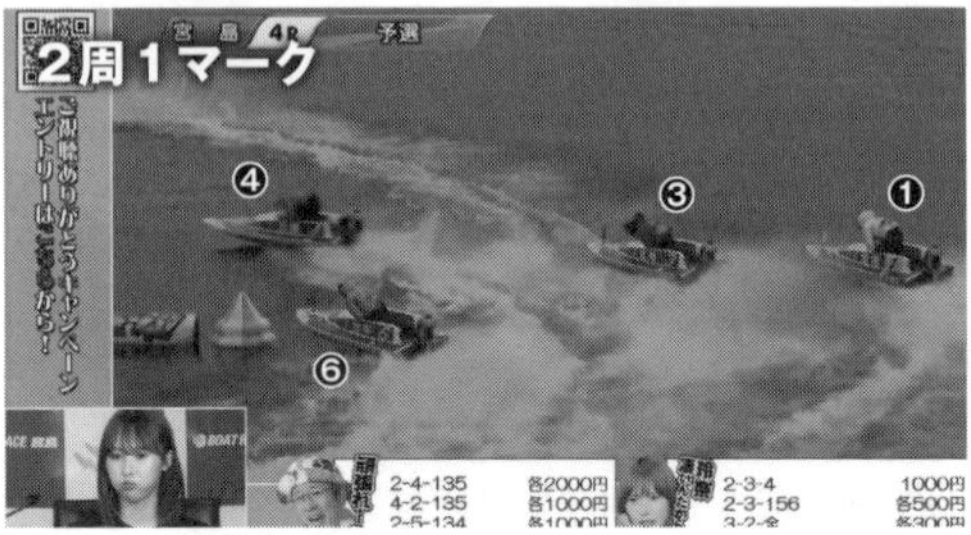

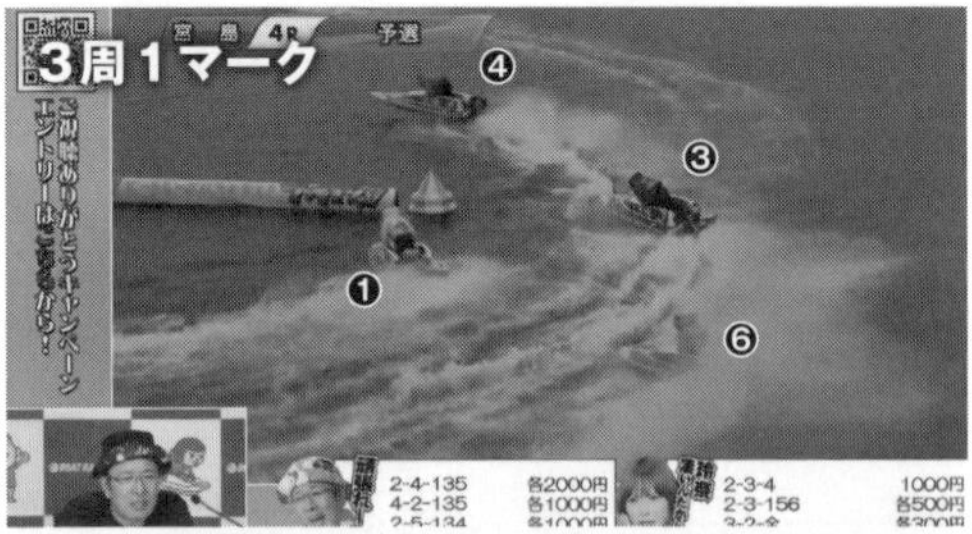

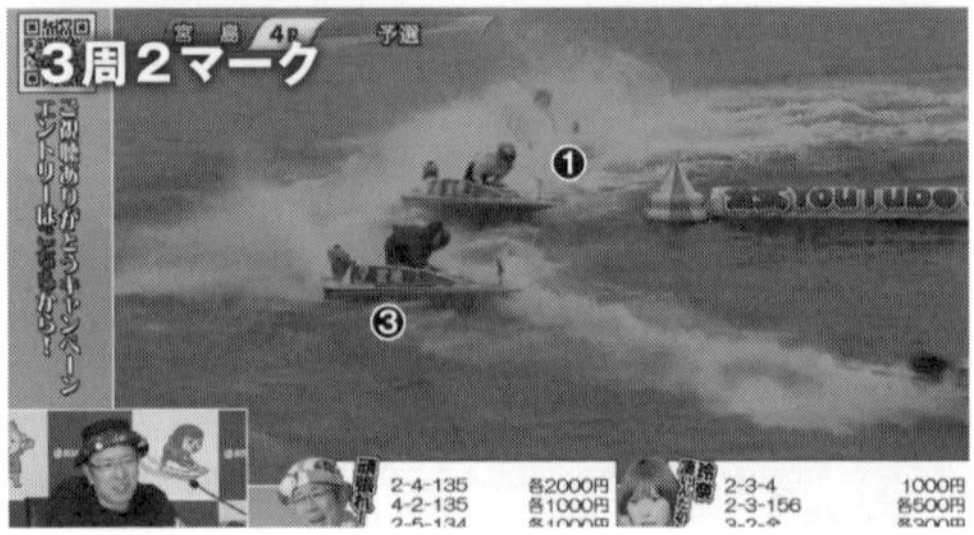

を狙える位置に）

ういち　ロク、ヨシ！　出本さん頑張れ！　3に入られるか〜。

（2周1マークは6が3着にあがる）

ういち　差せる！　出本さん。ヨシ！　OKナイス〜！　これはいい。

（2周バックストレッチ）

ういち　6（出本さん）持ってない！　いま大興奮でオッズ見てたけど買い目の中になかった。

島田　ホンマや！　6だけ切ってるやん。

ういち　ナイスって言っちゃった。

（2周2マークは3が3着に浮上）

ういち　あ〜、これで3になりますわ。惜しかった〜。6が良かったけどなあ。

島田　ういちさん、しっかりしてよ。

ういち　6が面白かったけどなあ。

島田　切ってるやん。

（3周1マークは順位変わらず）

ういち　いや〜結果（6に）ならないのよ。出本さん！　あ〜やっぱそう（4着に）なっちゃうよねえ。わかってたんだよね。

島田　なんでなん。どういう気持ちなん。

ういち　ただただオッズだけを見て、2－4から外がウマいなって気づいちゃったんだよね。

島田　良かったですね。

ういち　6買ってたら…まあこうなるんでしょうね。

島田　買ってないからさあ、アブな～。

（結果2－4－3　ういち13・2倍的中）

ういち　年齢による舟券誤認が起こりました。

島田　びっくりした。

ういち　でもその分楽しめたよ。

島田　よかったですね、そのまま6になってたらね。後で気づいたら…。

ういち　ならないのよ。

島田　どうゆうこと？　ならないのよって。なるのよ別に。あったよ全然。

ういち　結果いいじゃない。2千円

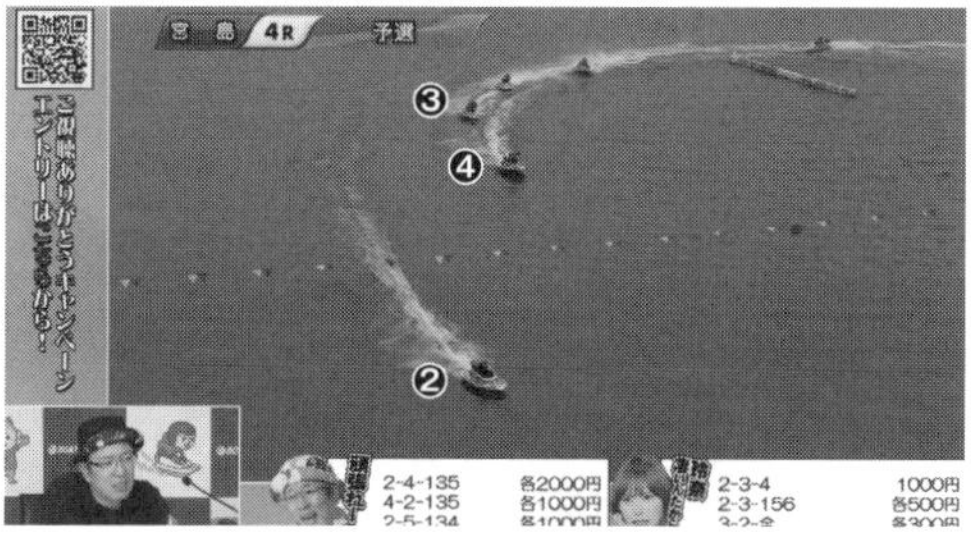

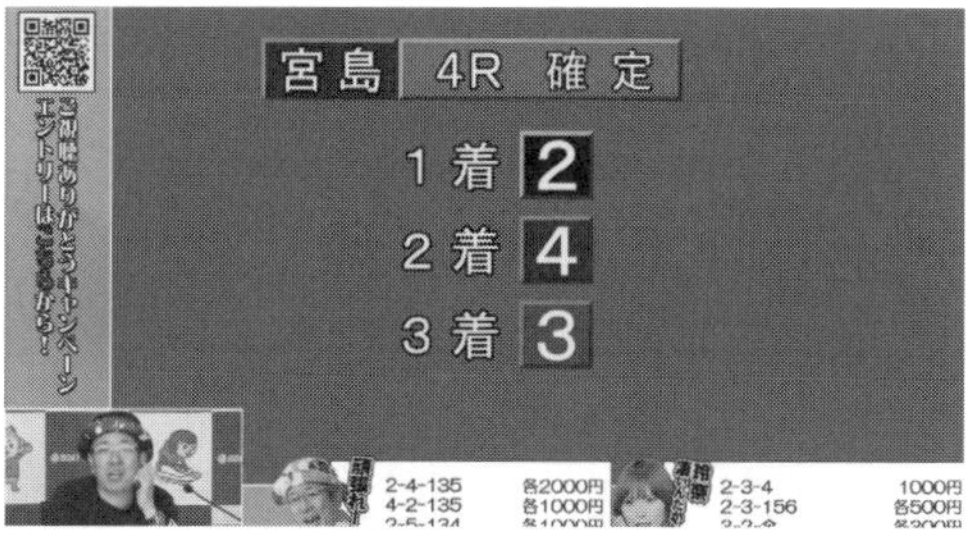

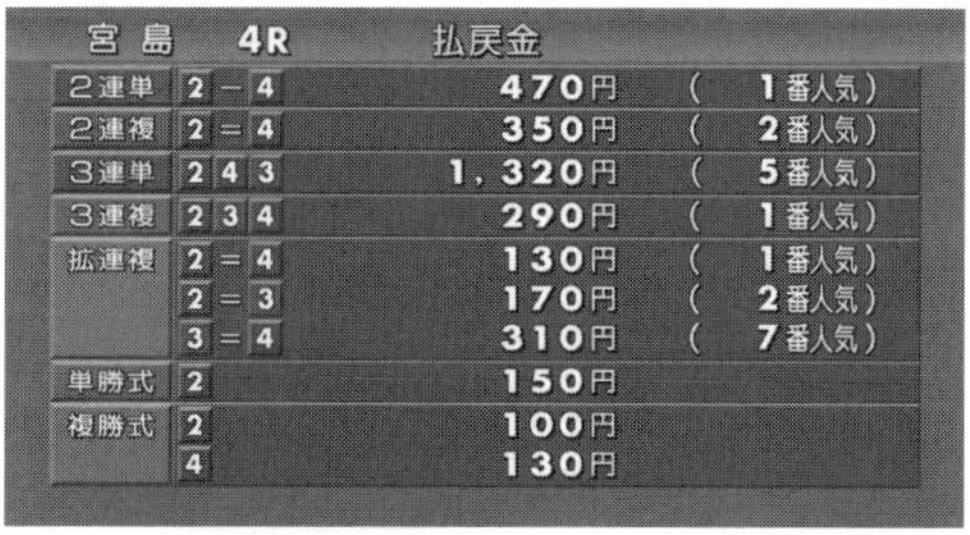

宮島 4R		払戻金	
2連単	2－4	470円	（1番人気）
2連複	2＝4	350円	（2番人気）
3連単	2 4 3	1,320円	（5番人気）
3連複	2 3 4	290円	（1番人気）
拡連複	2＝4	130円	（1番人気）
	2＝3	170円	（2番人気）
	3＝4	310円	（7番人気）
単勝式	2	150円	
複勝式	2	100円	
	4	130円	

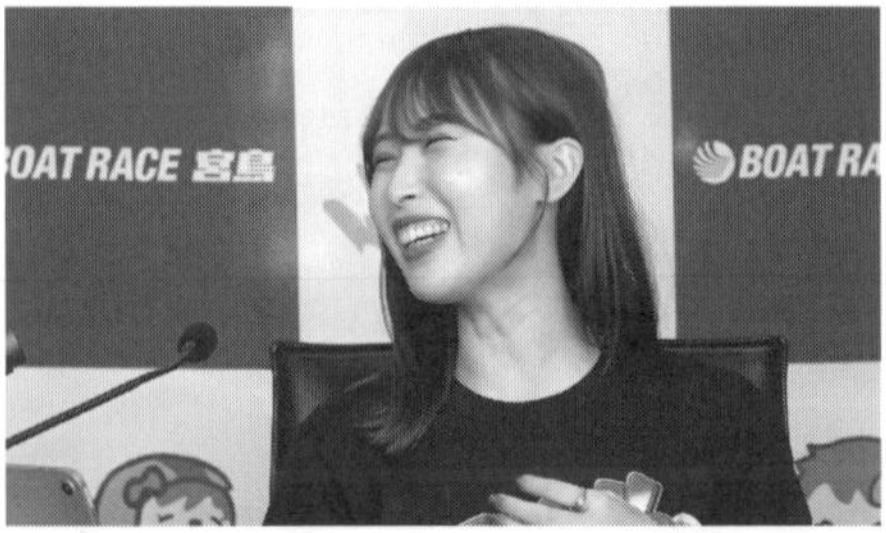

持ってたし。

島田　いや〜、さすが。てゆうか、めっちゃ当てるじゃないですか。

ういち　いや2個目でしょ。はあ、危なかった。

島田　いや、危なすぎ。

ういち　ヨシ、6ナイスって言った時にスタッフ全員ざわつくっていう。

島田　ウフフフ。

ういち　そこからの察知は早かったですよ。これないぞ俺っていう。でもあれよね。ああいうことに慣れてきちゃうと、恥ずかしいとも思わない。ただのあるあるになって来ちゃってる。

島田　まあまあ。

（中略）

ういち　（視聴者コメント）過去の宮島でも、実際は買っているのにないとかの勘違いもあったういちさん。勘違いに関しては、あらゆるものをやってますから。

島田　やってますね。2回買ってるとかありましたよね。

ういち　尼崎では最大3回買いましたし。

島田　ヤバすぎやって、もう。それは病院行ったほうがいい。
ういち　最後の3回目なんて『あっぶねえ。間に合った』って言って3回目買いました。
島田　ヤバすぎ！
ういち　あと大騒ぎしたあとに買えてなかったこともあるし、数々のミスを取り揃えてますよ。

島田　気をつけたほうがいいですよ。
ういち　う～ん、まあ本人楽しんでるんでいいんじゃないですか。
島田　前向き！
ういち　楽しくやれてます。昔は本当にどでかいミスとかもあったんだよね。場内のイベントでさ。だいたい昔からこんな勝負かけるスタイルでやってたから、12レースに結構なでかい20万とかのが当たって大騒ぎして。帰りに業者の人の車でみんなでホテルに送ってもらう時に『凄かったですね、よかったですね』みたいに言われながら、本人もまあ興奮してるから、いやホントあれがこうなって……ぐらいでテレポートで買えてないことに気づいて。
島田　うわ！　怖！
ういち　もう誰にも言えず。
島田　言えなかったんだ！
ういち　…いや、本当良かったっスよ、みたいな経験はあります。
島田　一人で落ち込んで終わる。
ういち　言うタイミングも逃しちゃって…。本当に寂しい気分で。テレボートあるあるなんだけどさ。この目でいいですか？　みたいな最後のボタンあるじゃん。
島田　ありますよね、私も時々。
ういち　あの画面で止まってる時あるんだよね、たまに。

注

ジカマ
直捲りの略語。1周1マークで内側の挺の外側からターンして追い抜くこと。1コースが遅れた場合や、外側挺のスタートタイミングが早い時、または伸びが良いケースで起こりやすい。

買い忘れ（エアー）
配信中に買い目を出して、その後買い忘れることも稀にある。ういちの場合は単純に買い忘れているか、最後の購入確認ボタンで止まっていることに気づいていないことが多い。

5-3 突然のザッパーナ

2021／10／17　江戸川3R

枠	級別	登録番号／氏名
1	A1	4928 栗城匠
2	A1	3946 赤岩善生
3	A1	4610 佐藤大佑
4	A1	4044 湯川浩司
5	A1	4148 枝尾賢
6	A1	4137 君島秀三

ういちの買い目
1=2-全 各1000円
1-4-全 各1000円
2=4-1 各1000円

鈴虫君の買い目
2-14-全 各500円
1-45-全 各500円

オモダミンCの買い目
2-6=全 各500円

動画リンク

該当箇所リンク

該当箇所のタイム
1：26：11 ～

共演：鈴虫君・オモダミンC

（レーススタート）

ういち　クリッキー…ジカ（捲り）だこれ。

オモダ　いいじゃない。さあ君島さんだよ。

鈴虫君　2－4しかないよこれは。

（1マークは2号艇の捲りが流れて4号艇の捲り差しが決まる）

ういち　4－2－1しかないな。
鈴虫君　戻ってこい！
（2マークは4－1隊形に）
ういち　4－1－2はない！　4－2－1しかないぞ。
鈴虫君　赤岩さんの足だったら十分戻ってこれる可能性あり。
ういち　いけ！　ナイスターン‼
（2周1マークは2号艇が内から1号艇をかわし4－2に）
ういち　いいぞ！　よしよしよし！
鈴虫君　4－2－5はある？
ういち　4－2－1しかない。クリッキー残せよ。
（2周2マークは3番手争いが接戦に）
鈴虫君　怪しい…。
ういち　賢ちゃん、切れろ！　よしよしよし！　4－2－1しかないぞ。
鈴虫君　なんで3着1しかないんだ。
ういち　あ～～～～！
（3周1マークのターン中に1号艇が大回転）
一同　アハハハハ。
ういち　なんだよ～～！　それもう。
鈴虫君　腹痛い、腹痛い、腹痛い！
腹がちぎれそう。

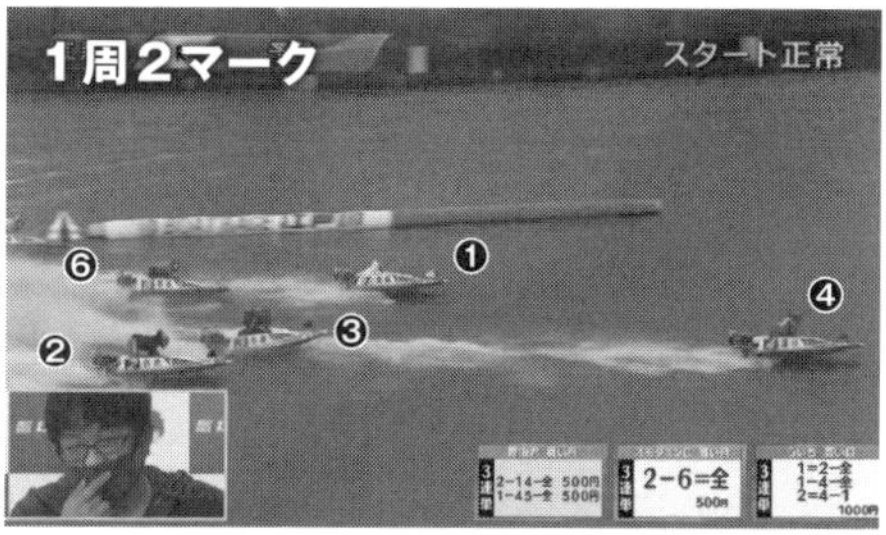

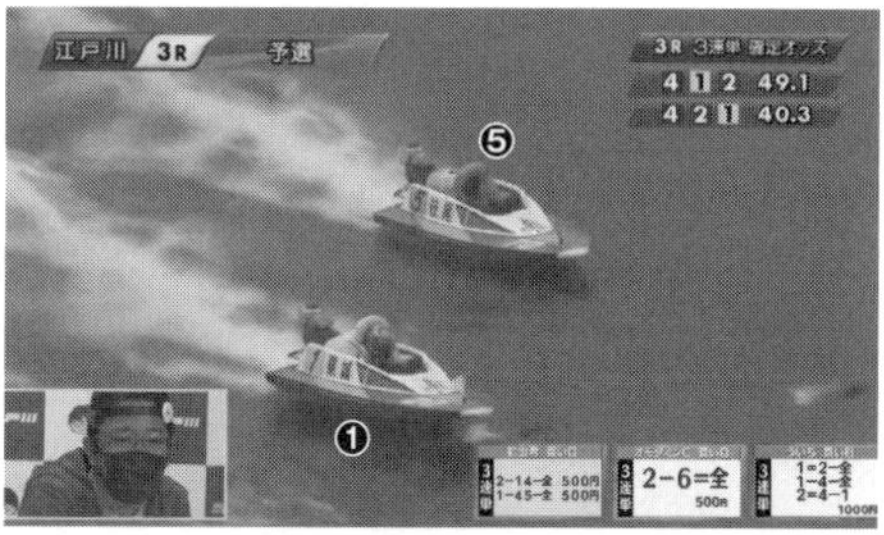

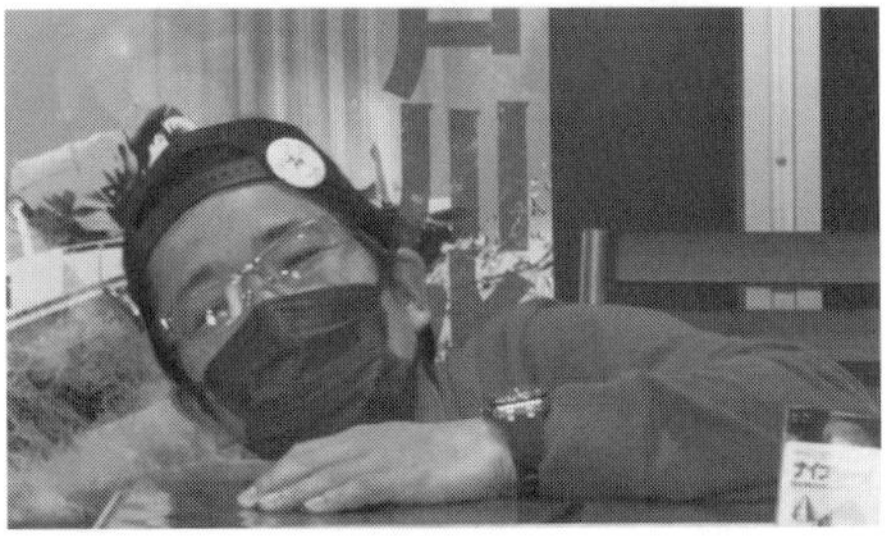

一同　アハハハハ。
ういち　ふざけんな〜！
（レースは4－2－5の44・2倍で確定）
オモダ　何かありましたか今？
ういち　馬鹿言ってんじゃねえよ。もう。
オモダ　何もなかったですけど。
ういち　ふざけんなってマジ。
オモダ　クソ面白い。
ういち　なんで俺の時はこうなるんだよ。
オモダ　ザッパーナ来ましたね。稀に見ない。
鈴虫君　艇がブリンってなってましたよ。
ういち　ズルくねえか、なんかもう。あんなこと起こる？　あれになって当たることなんかないよね。
オモダ　ある意味100点でしたけどね。なかなか出せないですよ、あのトクナガは。
ういち　なんで1回当たるの？　そのままハズれればいいのに。
オモダ　当たってましたね。
鈴虫君　うん、当たってた。

5-4 俺は悪くない

2021/7/22 宮島3R

枠	級別	登録番号／氏名
1	B1	3890 小宮淳史
2	A2	4012 中村有裕
3	B1	4872 山下流心
4	B1	4674 池田剛規
5	B1	3151 落合敬一
6	A1	4351 里岡右貴

マリブ鈴木の買い目

1-234-234　各1000円
1-234-5　各500円

ういちの買い目

1-6=全　各1000円
3-146-146　各1000円

該当箇所のタイム

1：37：03～

該当箇所リンク

動画リンク

共演：マリブ鈴木

ういち　ああ、そうか今日は記念もあるし他の配信もあるしお休みだしで、みんなバラけてんだね。（視聴者が）お風呂で携帯テレビ２台つけましたって。お風呂でなにかするの今普通なの？

マリブ　今しますよね、なんか。僕はしません。

ういち　俺は湯船に浸かってウトウトするだけだけど。

マリブ　嫁はドラマとか観るんスよ。

ういち　そんな長風呂すんの？　信じられない。

マリブ　風呂入ってると話入って来ないっスもん。

ういち　持ち込むんだ。

マリブ　今、防水だからか。気軽に持っていけるスもんね。

ういち　ジジイ世代は防水とか信じてねえからさあ。

マリブ　アハハハ。

（枠なりでレーススタート）

ういち　流心行ってみろ！

マリブ　3がどんぐらい行くか。並ぶか。覗く。

ういち　流心行ってみろ！　流心行ってみろ！

マリブ　ここから捲ったらあるぞ。1がこらえるか？

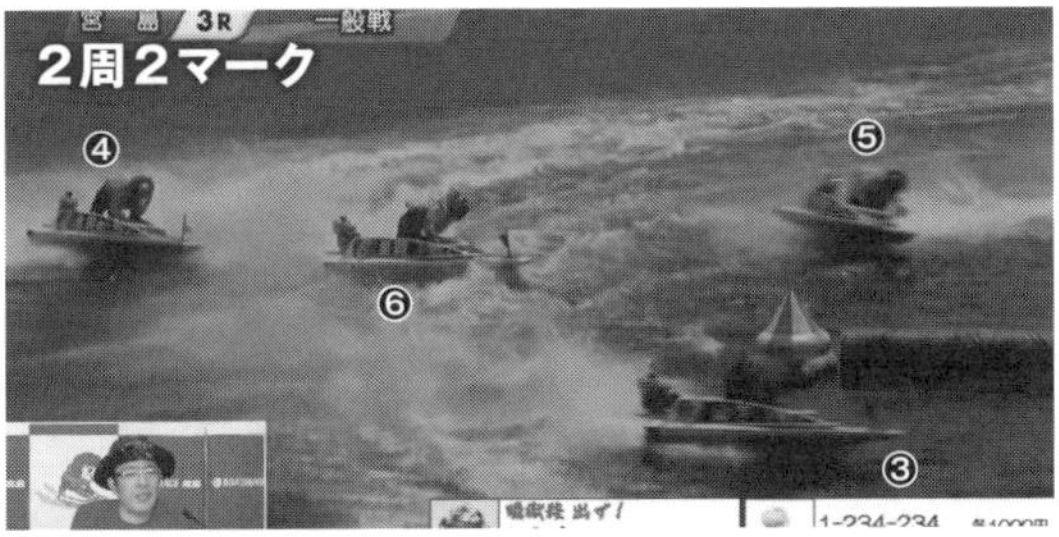

ういち やってみろ！

マリブ こらえた！

（1マークは1と5が接戦）

ういち これインもヤバいか。

マリブ 1－5か5－1か。1－5だけ買ってないんよ。

ういち 里岡さん3等あるよこれ、全然。

（2マークは1が先行、3が2番手に浮上）

マリブ ヨシヨシヨシ！ 6が来なければ。

ういち 来る。

マリブ 来ない！ この位置は怖いぞ。

ういち 来る来る。

マリブ 危ない！ 危ない！ 危ない！

ういち さあ里岡さん来た。よいしょ〜。

マリブ あ〜終わった！ クワー！

ういち　捉えたよ、捉えたよ。
マリブ　これはヤバい！　池田さん頑張れる？　これは厳しい！
ういち　これは大丈夫。
（2周2マークは6が4をさばいて3番手に）
ういち　まあこうなるわなあ。あ！13・3（倍）。はぁ……ガミングです。ガミングスーン、もうすぐガミります。1-6-3になっても3-1-6になってもいいんだけどなぁ。
マリブ　1-3-4で行ってほしかったなあ。
ういち　ガミングスーン。
（結果1-3-6　ういち13・3倍的中）
マリブ　6だけ買ってねえのよ。
ういち　はぁ…。
マリブ　片やガミ、片や抜け。
ういち　なんてことだよ。1-2-6がガミる可能性はあるって思って

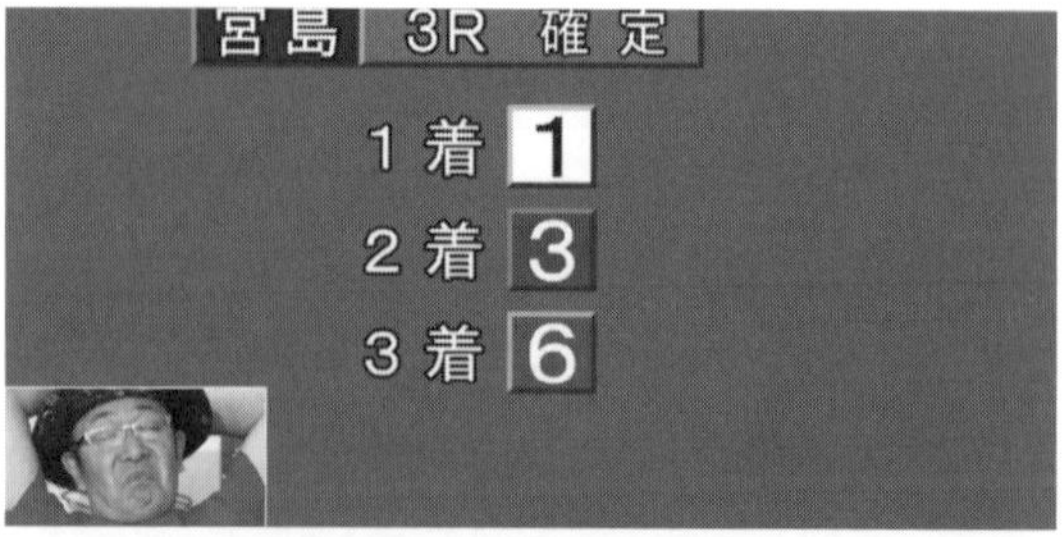

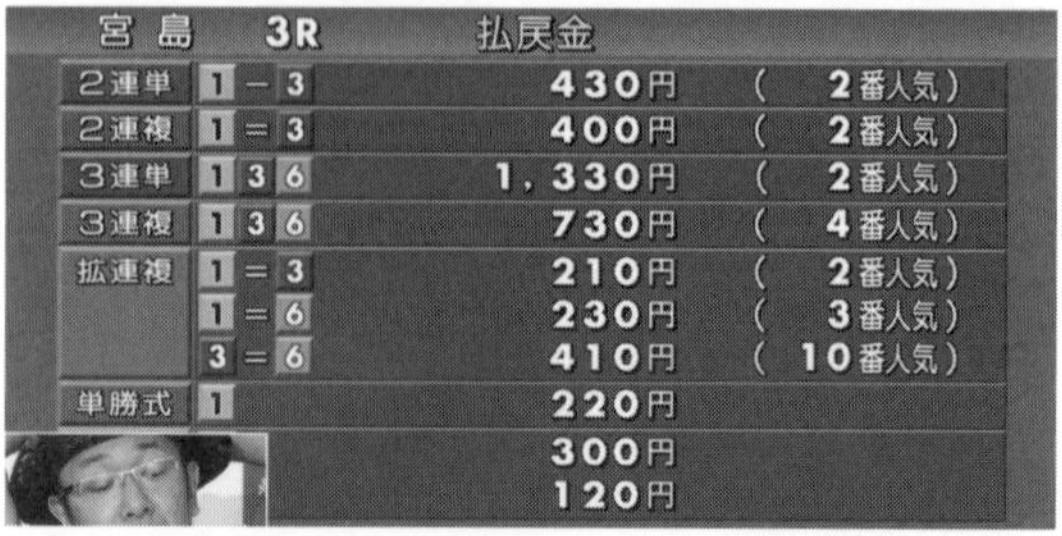

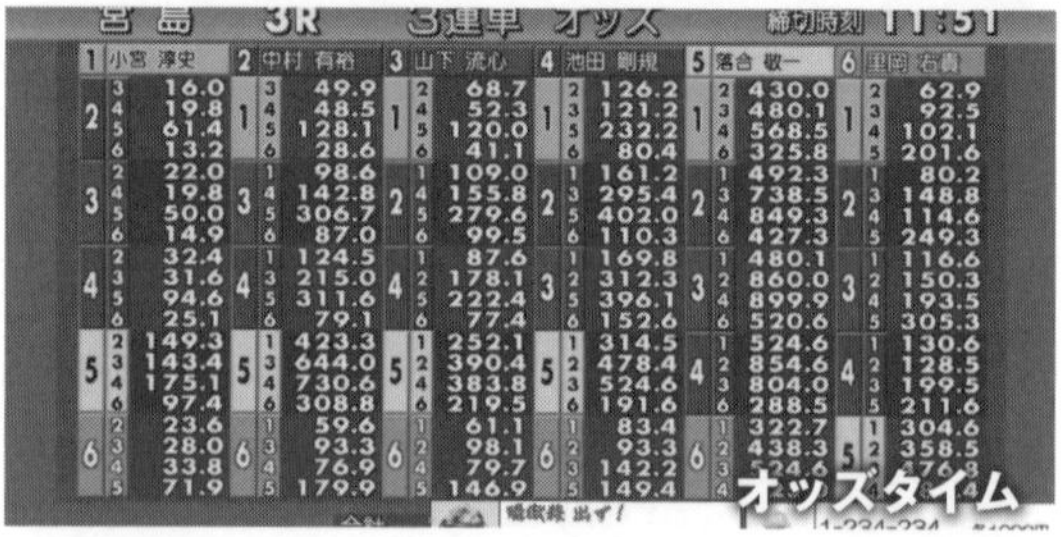

たけど、1-3-6までは全然思ってなかった。買ったときからガミのオッズだった？ え？ 1-3-6？ 全然大丈夫だったはずなんだよなあ（オッズタイム前は18・5倍あった）。もしかして買い目出してくっちゃべってる間にシークレットガミが出てたかもしんない。

マリブ そっか、オッズタイム早かった。

ういち ああ。

マリブ 7分、6分ありましたからね。

ういち みんなが芦屋で4艇Fとかギャーギャー言うから、気になってオッズタイム行っちゃったっていうのもあるね。みんなのせいだな。

マリブ アハハハハ。

ういち あれがコメントで流れなければ、もうちょっとオッズタイムを遅らせて、みんなから警報が出るわけでしょ。

マリブ ガミってますよって。

ういち 1-3-6もガミるぞ、みたいな。人のせいかよって全部人のせいだよ。

マリブ アハハハハ。

ういち 俺の舟券がハズれるのは選手が悪いまであるからね。基本やってらんないことは全部選手と他人のせい。俺悪くないで乗り切っていこうよ。

マリブ そっちのほうがメンタルもね。

ういち そう。選手が全員ちゃんと実力を発揮してくれたら俺の予想になったはずだ、っていう風に言い聞かせて。

マリブ 全部自分のせいって思い込んじゃうと心が病みますもんね。

ういち 自分の予想がうまくできてないっていう方に行くとカラ回るから、みんながちゃんとやってくれたら俺の予想でハズれるわけがないって思って買った方がよい。

注

抜け

買い目が抜けること。例えば1-3-245と買っている場合は6号艇が抜け目となる。

ガミる

的中したものの、投入金額より払い出し金額が下回ること。

4挺F（フライング）

フライングが発生すると、投票された舟券は払い戻しとなる。4艇がフライングになると、3連単が払い戻しとなるため、運営側にとってはとても痛い。

5-5 これぞお家芸

2021/7/22 宮島12R

枠	級別	登録番号／氏名
1	A1	3719 辻栄蔵
2	A1	4051 清水敦揮
3	A1	4685 島村隆幸
4	A1	3920 正木聖賢
5	A1	4811 向井田佑紀
6	A1	3955 眞田英二

ういちの買い目

1-3-56	各10000円
1-4-56	各5000円
1-56-全	各3000円
34-1-全	各2000円

マリブの買い目

1-234-6	各5000円
1-6-234	各2000円
1-3-2	15000円
1-4-23	各10000円

該当箇所のタイム

6：18：38 ～

共演：マリブ鈴木

該当箇所リンク

動画リンク

ういち （正木選手の）カミソリスタート行ったとて名手・辻にさばかれると。もっといやらしい話をすると、先輩の辻さんをやっつけるにはよほど綺麗にまくらないと後腐れが残るんじゃないかっていうね。俺の超個人的な考え方ですけども。1回誰かに聞いたことあるのよ。例えば、

内側に松井さんがいる。松井さんをこのまま行けば捲れそうだっていう時に、どう考えるのって言ったら、やっぱりキレイに捲ろうって思う。もしかするとですよ。（多少内側を絞れば）捲れそうだっていう時には、さすがにちょっと行けないみたいなのが、選手心理としてはあるっぽいなと僕は思ったんですよ。そう考えると同県の先輩の辻さんは同い年とはいえ期で言うと先輩ですから、正木聖賢はよほど抜けきらない限りは抑えるんじゃないかって思いますよね。

（レースへ）

ういち　さあ来い。

マリブ　1-6はやりすぎたか俺。

ういち　カミソリスタートが勝つのか。島村がさばくのか。

マリブ　1-4からは僕5だけ買ってないのか。嫌な予感がするなあ。

（枠なりでレーススタート）

ういち　行ってねえな。

マリブ　1-23-23はやめてくれ。

ういち　伸びてく伸びてく。島村どうだ。

マリブ　2残れ、ヤバい。

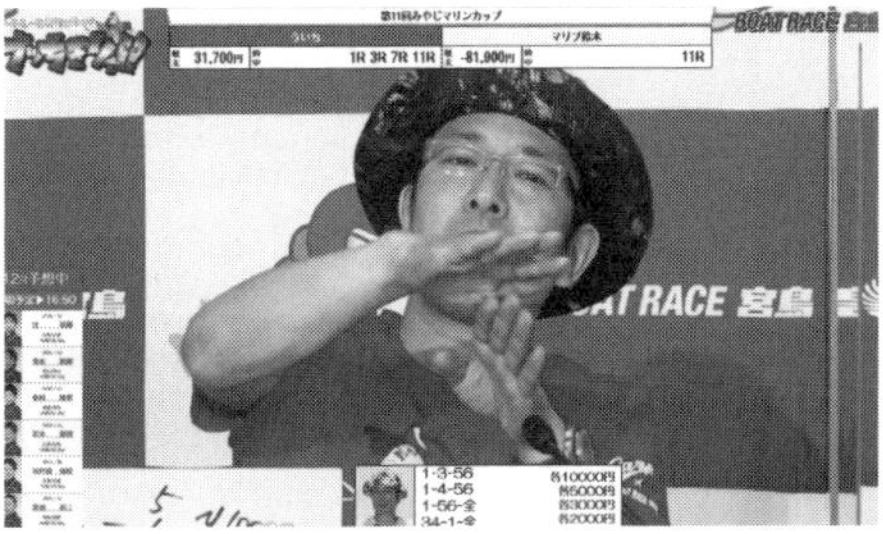

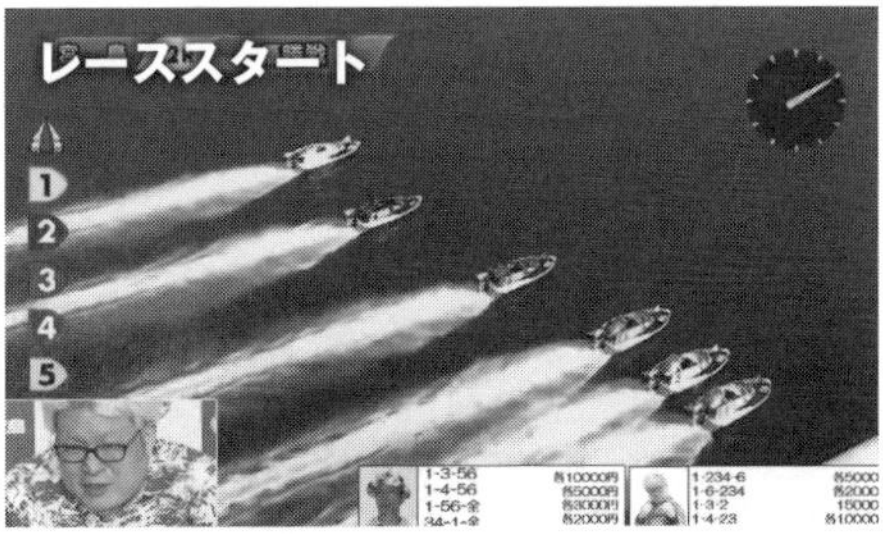

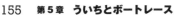

（1マークはイン逃げ。3と4が2番手接戦）

ういち　6あるぞ！

マリブ　1－4－3！

ういち　いやいや6が来てるから。どっちでもいい。

マリブ　1－4－6も持ってる！

（2マークは4が2番手。2と6が3番手接戦）

ういち　6だ！

マリブ　6ヨシ！　1－4－6！

ういち　5でもいいぞ！

（2周1マークは6と2が接戦のまま）

ういち　6じゃあ！

マリブ　2はちょっと安いか。6の方がいい。

ういち　よし、切れ！

（6が2の前に出て2周2マークへ）

マリブ　ダブルヒットじゃないか？

ういち　あーー!!

（6のターンが流れて2が内側に迫る）

ういち　コラーーーー!!　頼むぞ。でも、そこからどうすんだ！　邪魔もいないしな。

マリブ　僕はほぼもらったけど、6

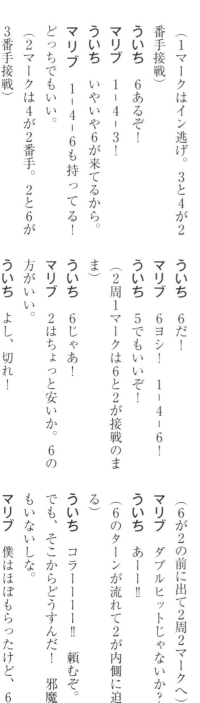

の方がいい！
ういち　差せるのか？
（3周1マークは6が差せずに2が前へ）
ういち　それはいかんて！
マリブ　僕は当たりましたが、6の方がいいのよ。
ういち　1回当たったろう…。
マリブ　アハハハハ。

（結果1-4-2　マリブ10・6倍的中）
マリブ　辻選手、優勝おめでとうございます！
ういち　マクった？
マリブ　マクれないんですよ。
ういち　眞田さんの回り足は抜群だったんじゃないのかよ。
マリブ　大分戻した俺は。良かった。

ういち　あー！　しんどいて。またしても1回当たるということの、なんだろうね。なんで1回当たるのかな。
マリブ　今日何レースかありましたよね。
ういち　最終的にそのパターンで当たることが少ないんだよね。腹立つわ～。はい、おしまい！
マリブ　アハハハハ。

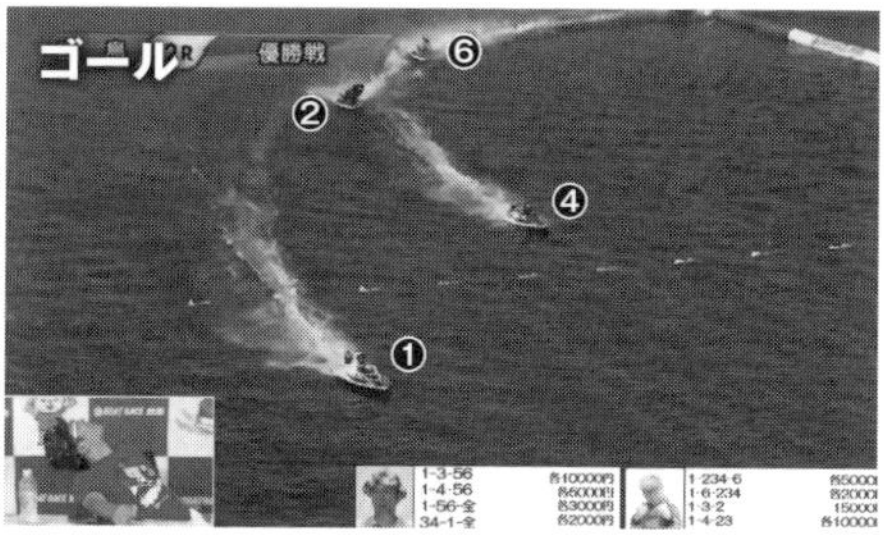

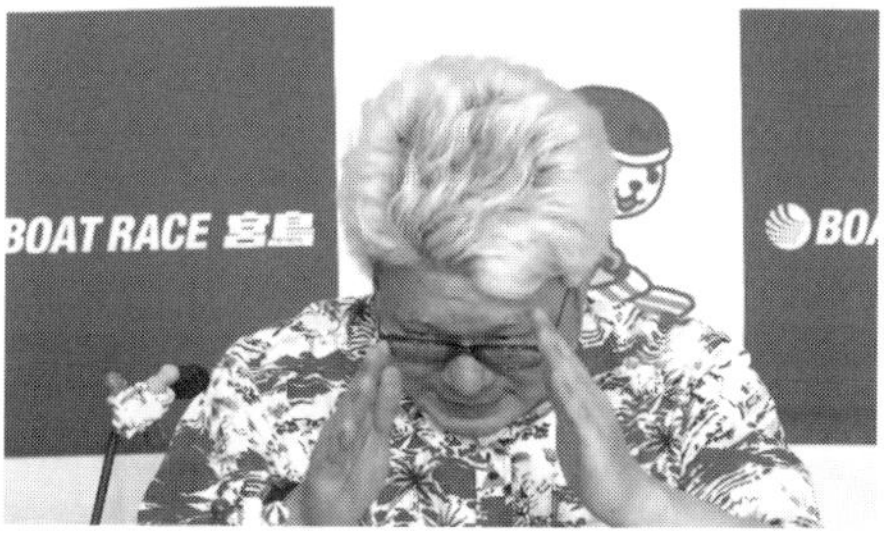

5-6 運命の縁

2021/10/6 江戸川11R

枠	級別	登録番号/氏名
1	A2	3629 浅見昌克
2	A1	4802 中田達也
3	A2	4575 戸塚邦好
4	A2	3584 佐々木英樹
5	B1	4883 岡部大輝
6	A2	4486 野村誠

ういちの買い目
2-1=全 各5000円
5-1=全 各1000円

鈴虫君の買い目
1-4-全 各2000円

オモダの買い目
1-2=4 各5000円
1-34-全 各1000円

該当箇所のタイム
5：17：40 〜

共演：鈴虫君・オモダミンC

該当箇所リンク

動画リンク

※周回短縮で2周レース

（レーススタート）
ういち アツい！
鈴虫君 行き過ぎ！ 行き過ぎ！ それはいいぞ。1−4で。
ういち 入った〜！
（1マークは2号艇の差しが決まる）
ういち 入った2−5−1。アツい！

鈴虫君　ういちさん持ってる？
オモダ　1－2にならん？
（2マークは1号艇が差すも2－1隊形）
オモダ　浅見さん、戻ってこい！
ういち　あ～どうだ？　2－5－1まで見えたのになあ。岡部来い！
（2周1マークは3番手3艇接戦）

ういち　6～！
鈴虫君　急に裏切った岡部のこと。切り捨てた（笑）。
ういち　まあ、6の方がいいよ。全然違う。あ、こじったら5になる。岡部狙え！
（2周2マークは3番手は大接戦）
ういち　来い！

鈴虫君　いやわからん。
ういち　55555！　OKナイスー!!
（2－1隊形。3着は4・5・6が僅差でゴール）
オモダ　え？
鈴虫君　ういちさん、何を見て？
ういち　5だよ。

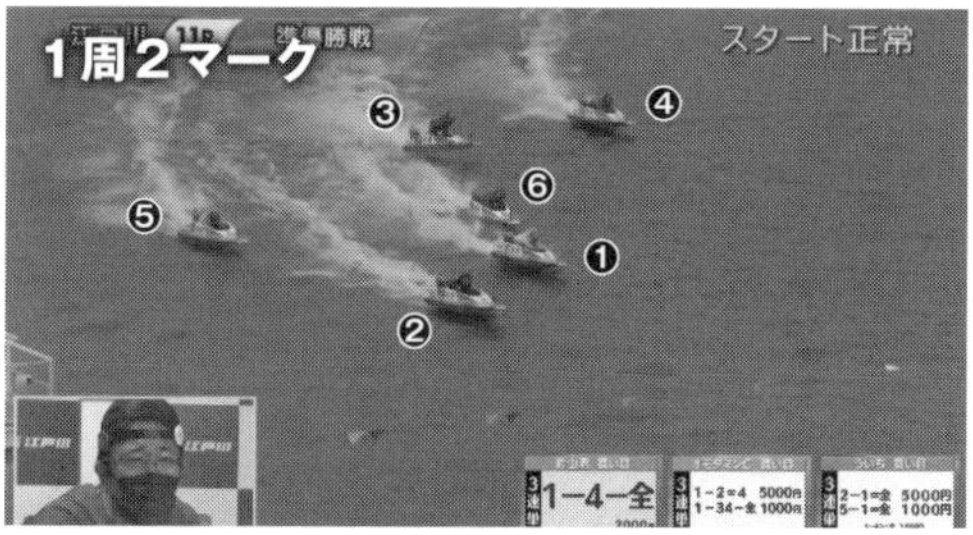

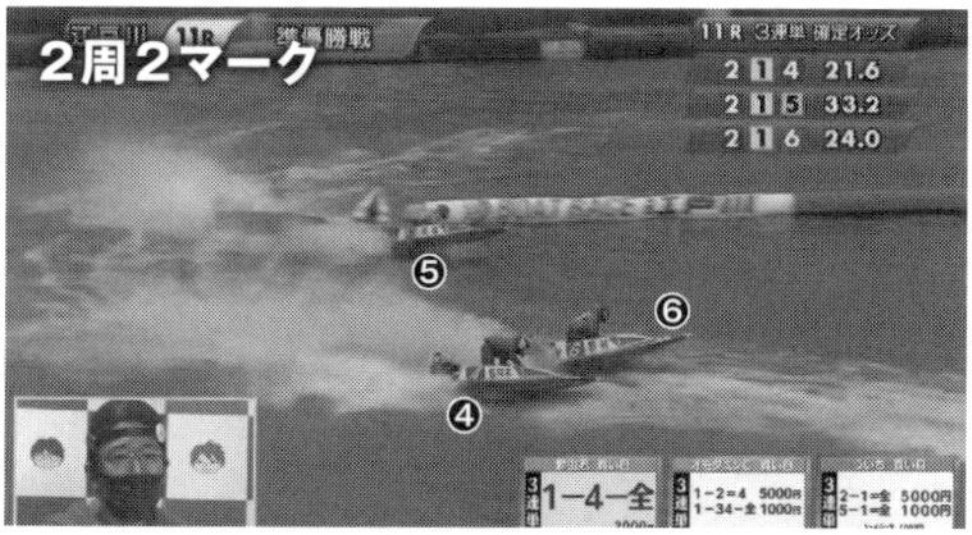

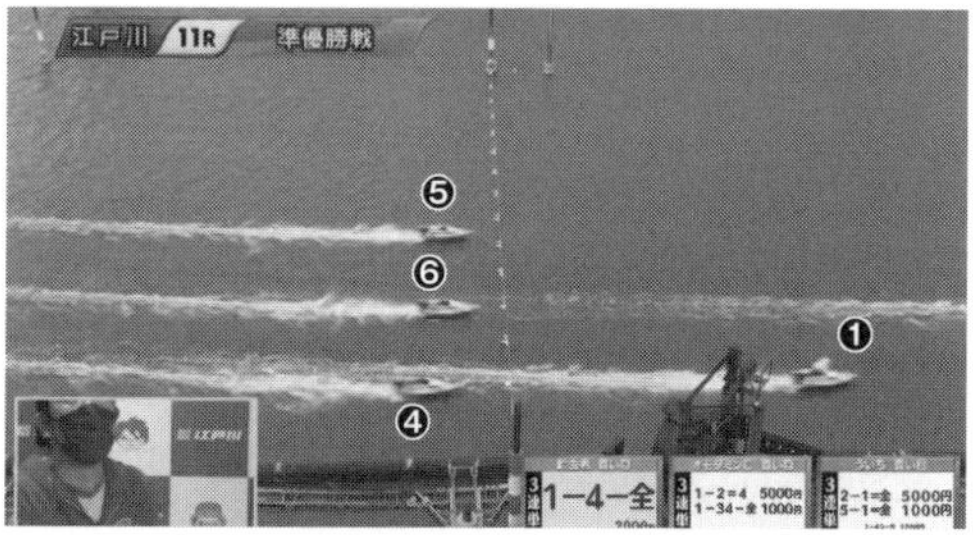

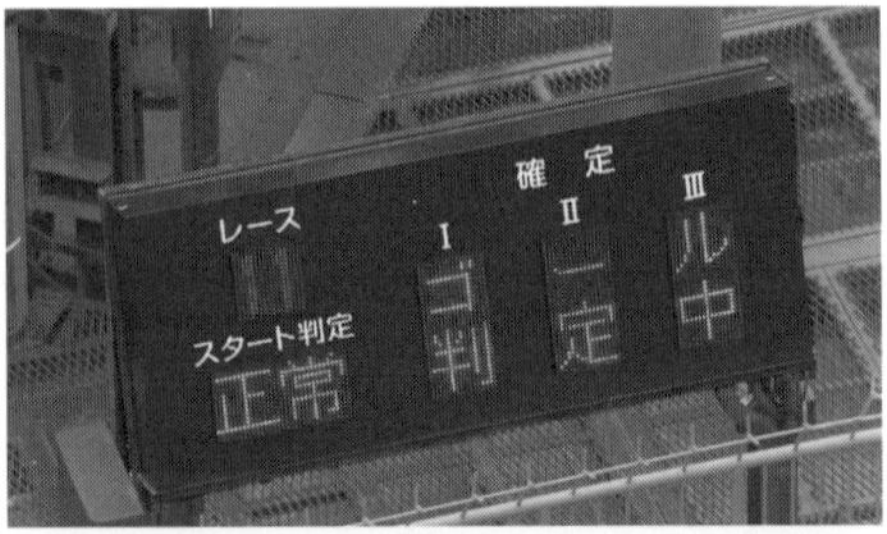

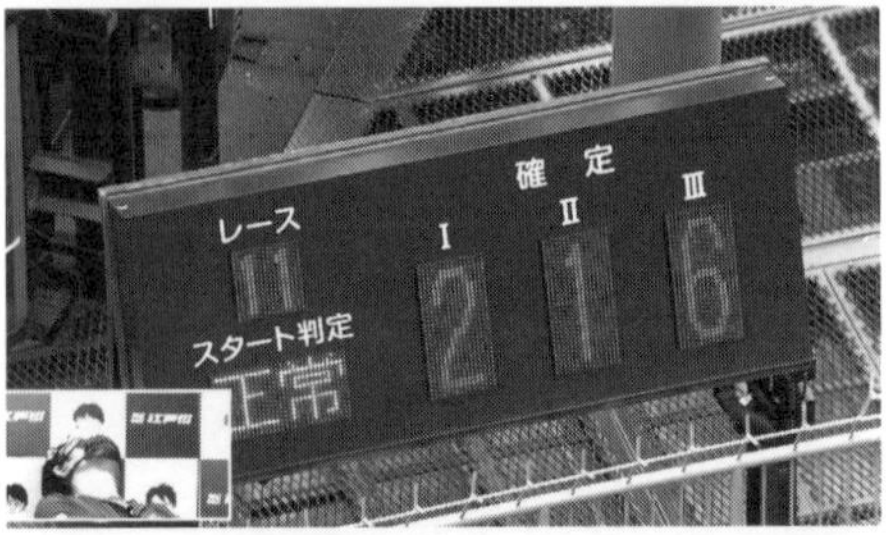

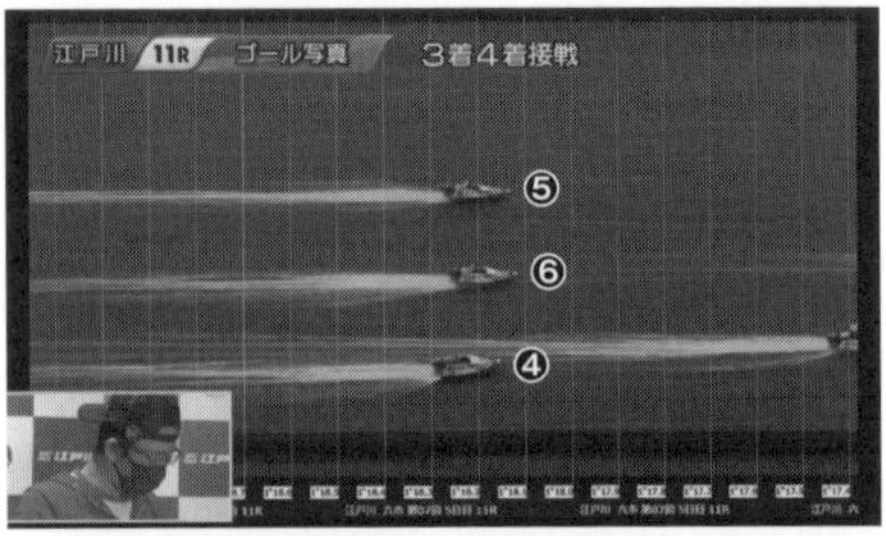

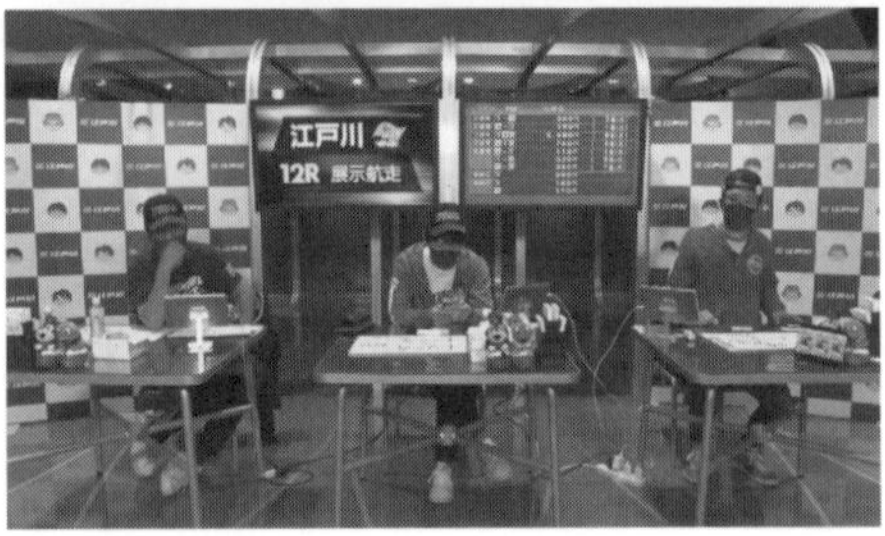

鈴虫君　僕には6に。

うい ち　はい、緑（写真判定）出します。5だよ。目の錯覚がね。普通の人には分かりづらいと思うんだけど、慣れてるんでね。大体わかりますけど。

オモダ　メチャメチャ6に見えた。

鈴虫君　うん、俺達には6に見えたけど、ういちさんが5って言うなら。

うい ち　はい、5出そうか。そろそろ。5だよ。

（2－1－6の24倍で確定）

うい ち　オイ！

一　同　アハハハハ。

鈴虫君　あの、ういちさん以外そんなリアクション取ってないっス。

うい ち　アンチリーダーの社長がさ、6だろ、6なんだろって。

鈴虫君　僅差って言えば僅差ですね。

うい ち　写真の撮り方によっては5ですから。

一　同　アハハハハ。

鈴虫君　なんでもありだな。

うい ち　角度によって違うんでね。

中田達也選手の御冥福を心よりお祈り申し上げます。

注

周回短縮

ボートレースは通常３周でレースが行われるが、視界や風の状況によっては２周でのレースとなることがある。

5-7 名前遊び特選

2021/9/19 宮島9R

枠	級別	登録番号／氏名
1	A2	3930 岸本隆
2	B1	3559 水長照雄
3	B1	4200 早川尚人
4	B1	4219 本岡勝利
5	B1	3036 吉本正昭
6	B1	4126 吉本玲緒

ういちの買い目

1-4-全	各2000円
4-15-全	各1000円
4-全-5	各1000円

まりもの買い目

1-23-23	各3000円
5-4-全	500円

該当箇所のタイム

4：25：46 ～

共演：まりも

該当箇所リンク

動画リンク

ういち　（スタート展示中）吉本さんが動いてんぞ。どっちの吉本さんかわかんないけど。やってんな宮島。さあ、吉本さん（6号艇）が動いたので、吉本さん（4号艇）が外になりますね。

まりも　アハハハ。

ういち　これはアツい。

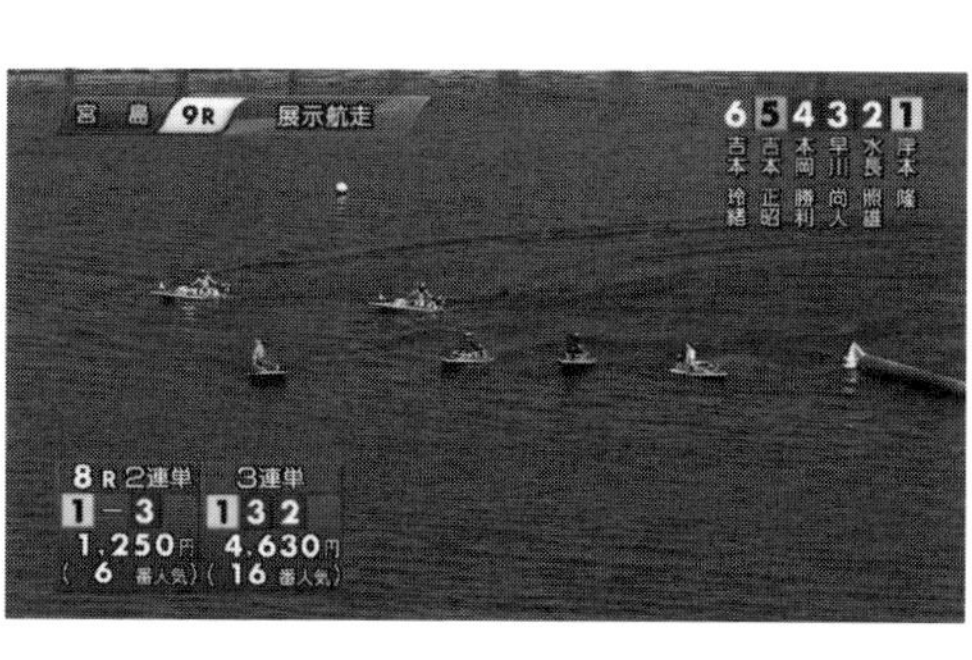

まりも　4スロー。結局今日はイン逃げじゃないの2本か。

（中略）

まりも　6号艇の吉本さんはそんなに動くんですか？　ああ、かなり動く人なんですね。スロージゃなきゃ嫌な人なのかな？

ういち　少しでも内にってことなのかもね。6コースから走ってないもんね。

まりも　ほとんど走ってないですね。でも、宮島だと半分ぐらいはそのまま走ってるのか。

ういち　今節も6号艇だった時には、4コースまで動いて結果6着ですね。

まりも　さっき早川選手2着でしたよね。

ういち　本岡選手がもうちょっとスタート揃ってればなあ。

まりも　展示どおりの進入になるんですかね？

ういち　多分なると思うけど。そんなに深くならないとは思う。100切るくらいだったでしょう。

まりも　う〜ん。

ういち　ただ、吉本さんが抵抗したら、もっと強く吉本さんが来るから。

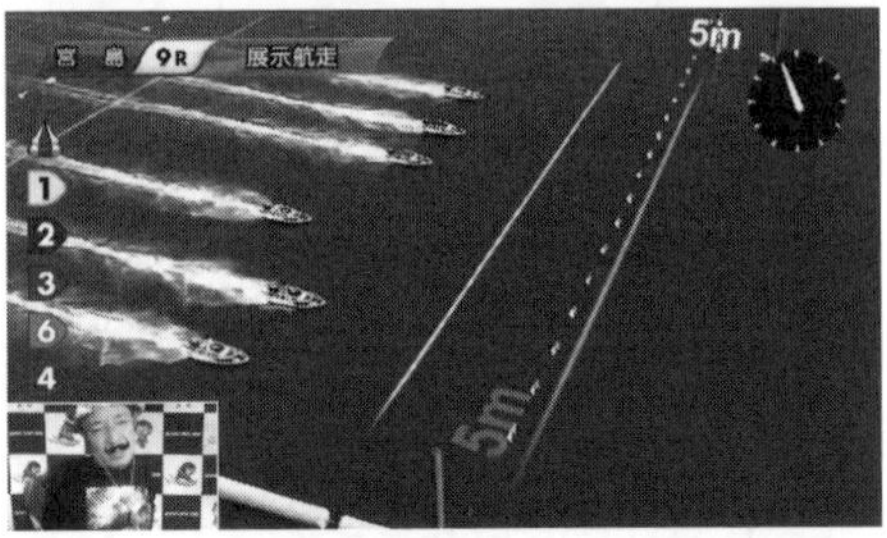

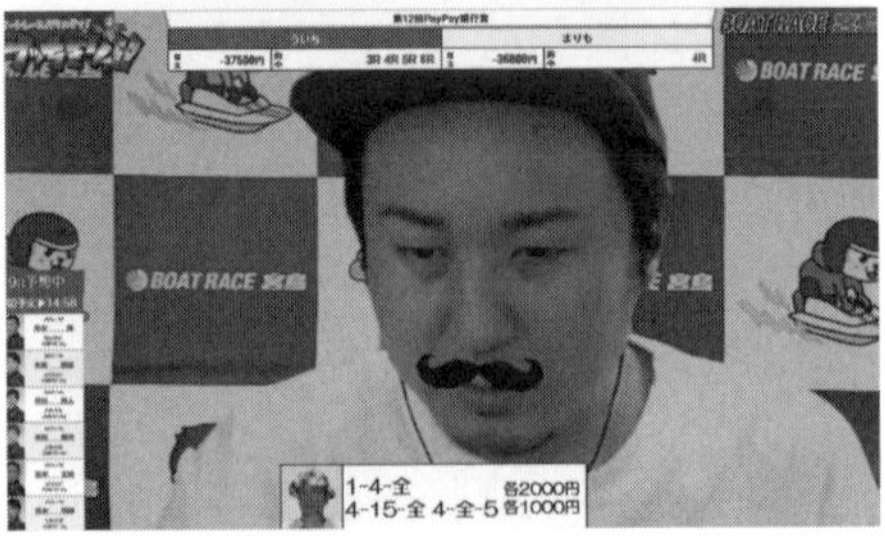

まりも　フフフ、真の吉本を決める戦いですね。
ういち　吉本さんの抵抗のために、吉本さんが深くなるよね。
まりも　そっかあ。そうなったら吉本さんはどこ行くのですか？
ういち　吉本さんは大外。
まりも　そうなった場合、吉本さんはどうなるんですか？
ういち　4スローでかなり深いね。いずれにしても吉本さん次第だよ。
まりも　アハハハハ。
ういち　どっちかはあえて言わないけど。あ、これやってんな。だって岸本、本岡っているんだよ。
まりも　なるほど。岸本、本岡、吉本、吉本…本ボックスだ。1456BOXで1－2－3と1－3－2来そうですね。
ういち　アハハハハ。最近、宮島の番組マンの人が狙い始めてんだよね。
まりも　そういうところで？
ういち　そう。こういうことしたら、ちょっと困っちゃうんでしょ？　クスクス、みたいな。
まりも　そんなことし始めたんですね。
ういち　こないだ、しりとりレースっていうのがあったの。1号艇の人から名前が順番にしりとりでつながって、で最後6号艇の選手の名前の最後が1号艇の頭になるっていう。
まりも　すごいですね。そんなことしてて。
ういち　無限ループ地獄特選って書いてあった。
まりも　ぜってえ嘘だよ。すごい特選だな。
ういち　さあ、次の9Rは無限ループ地獄特選、って言ってたもん。
まりも　（実況の）有富さんが？
ういち　うん、言ってた。
まりも　考えた人すごいですね。
ういち　あれはすごかったろうね。
まりも　ここはそんな難しいかな？　難しく考えた方がいいんですかね。本岡さん、確かに着をまとめてますよね。
ういち　スタートが揃ってないのが気になるんだよ。行ったとてさ、着を取れてる感じじない。
まりも　バラバラだ。
ういち　本岡さんの一発に賭けてみようかな。吉本さんが深くまで連れてってくれたら、本岡さんに付いていく吉本さんが見えるんですよね。
まりも　本岡さんに付いていく吉本さん？
ういち　本岡さんが吉本さんを飲み込んで、付いていく吉本さん。本岡、吉本の折り返しもあるよ。

まりも　号艇で言わないからな。

ういち　これは名前で言って楽しむレースだからね。サインが出てるから。4シモトさんと5シモトさんにする？　じゃあ。

まりも　アハハハハ。そうすると分かりやすいですね、確かに。

ういち　4シモトさんが深いところまで行くから、本岡さんが4シモトさんを飲み込んで5シモトさんが付いていくっていう。

まりも　そういうことですか。

ういち　可能性はなくはないと思う。こうなると5シモトさんの頭の折り返しっていう、5シモトオカっていうのが出来上がるんだよね。

まりも　言いたいだけじゃないですか？

ういち　アハハハハ。実際展開としてなくはないと思うよ。ただ、岸本さんのインコースの実績をると、流石に逃げるかなと思うけど、そこをどれだけ4シモトさんが締めて行けるかってことなんだよね。5シモトさんの抵抗次第では、本岡さんが飲み込むと俺は思っているので、買うよ。

まりも　4シモトさんを？

ういち　4シモトさんじゃないです。本岡さんから。

まりも　本岡さんからの5シモトさん。

ういち　4シモトさん4シモトさんって言ってるけど、6シモトさんだからね。

まりも　アハハハハ。僕もおかしいなって思ったんですよね。

ういち　4コースに入るから4シモトさん。

まりも　これ間違えて買うヤツですよね？　艇番を。

ういち　これ危ないね。現地でマークカード塗りながら観ている方、本当に気をつけてください。4シモトさんは6シモトさんです。

まりも　わかりづらい。

（買い目決定→レースへ）

ういち　さあ、行こうぜ。吉本さんがどういう動きをして、吉本さんがどう抵抗するのか。

まりも　何シモトさんになるかですよね？

ういち　そうだね。6シモトさんがどこまで行くのか。

まりも　下手したら3シモトさんになったら困っちゃう。

ういち　それは話が変わって来る。

（ピットアウト）

ういち　まず吉本さん抵抗、そうそ

うそう、もっと抵抗。あれ？　いい
でしょう。４シモトさん。これは深くなる。
（６号艇が４コースに入って、スタート展示通りに）

まりも　５－４あるなこれ。

ういち　４－全－５。４－全－５。マジ５－４になったら発狂案件。

まりも　仇は僕が取るんで。

ういち　ああ、そうだね。いちおう二段構えにはなったね。

まりも　チーム戦ということで。

ういち　おこぼれはあげるよ。

まりも　アハハハ。嫌な言い方だな。

ういち　でもデカいんだよ、それ。

（レーススタート）

ういち　本岡さん思いっきり行かなきゃだめよ。あれ？

ういち　４シモトさんが（行った）。

（１マークはインが逃げて２番手に６号艇）

ういち　何をやってるかよ。１－６はないわ。これはひどいよ。

まりも　これはいかんなあ。

（２マークを過ぎて１－６－３隊形に）

まりも　惜しいんだけどな。足りな

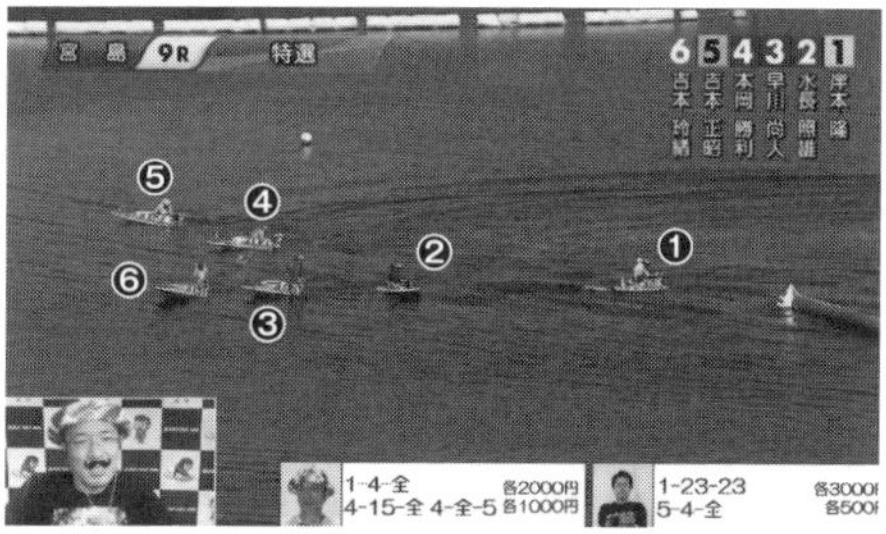

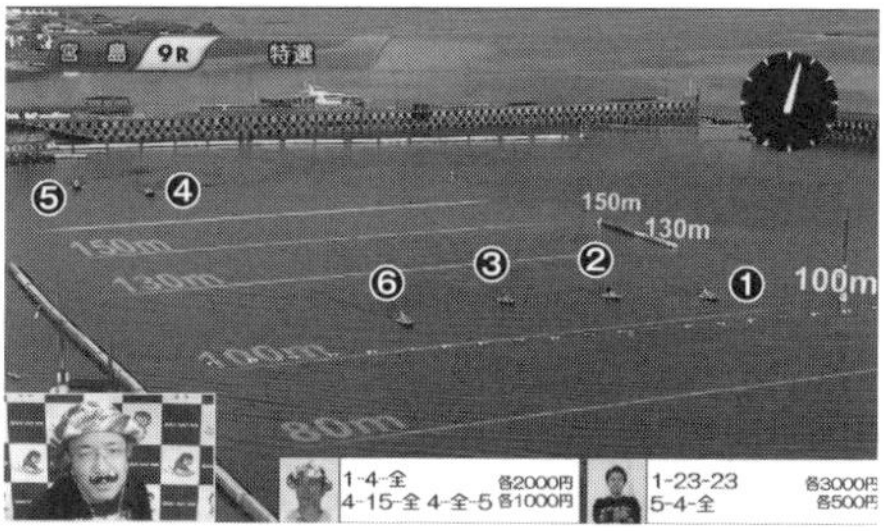

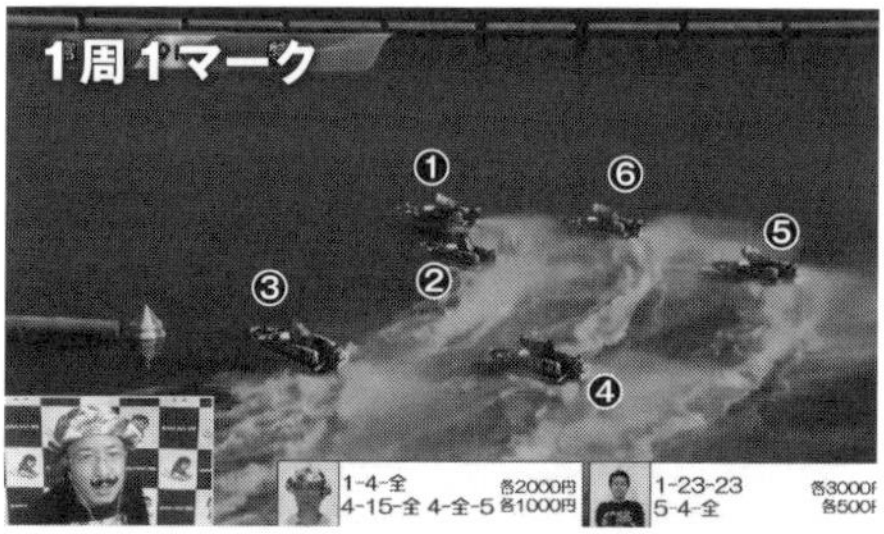

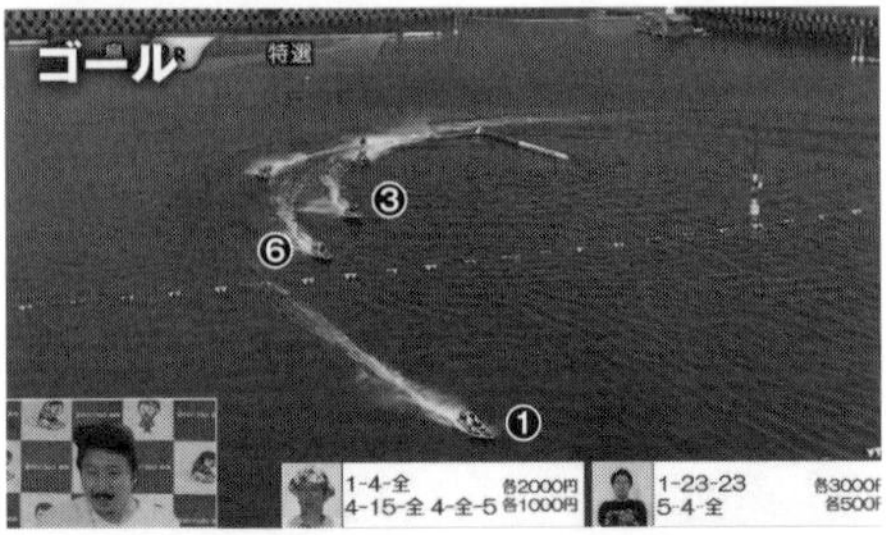

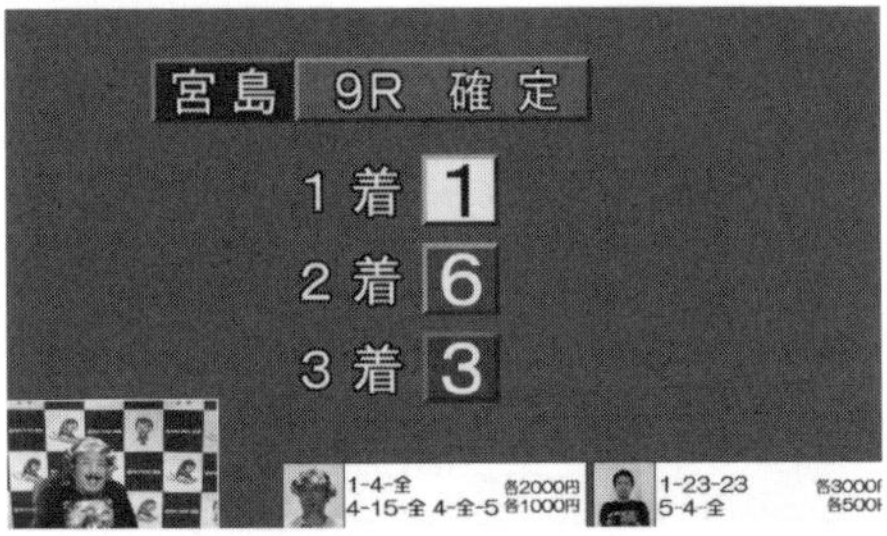

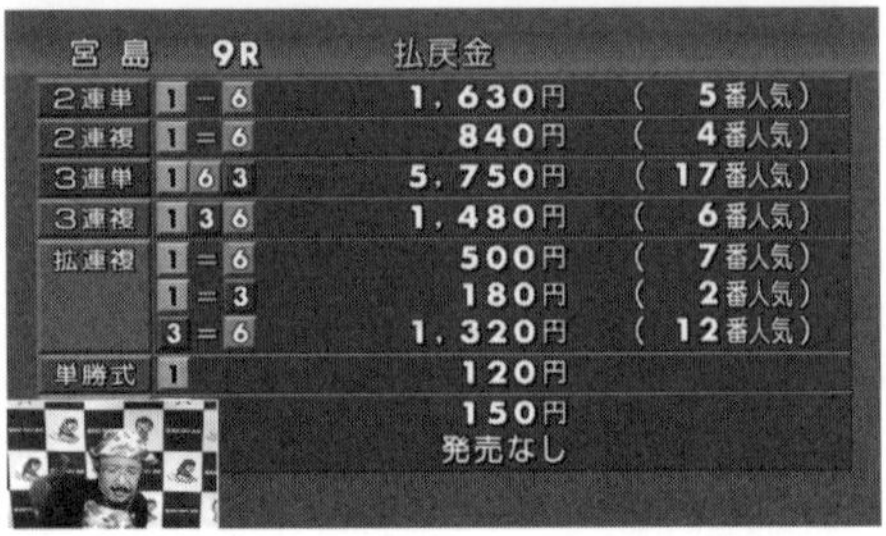

いな。

ういち こんなひどいのないよ。

（2周目も変わらず）

まりも 惜しいんだな。ちょっとズレてるんだな。

ういち 岸本、4シモトは買ってないよ。

（そのまま1-6-3で決着。57・3倍）

まりも 4シモトさんだか6シモトさんだかわかんないけど。

ういち ちゃんと行ったね。スタートね。

まりも そうですね。ういちさん、どうしたらいいんですか？ お金がただ減っていくだけですよ。

ういち 1-全-全。

まりも アハハハ。

ういち だって今みたいの取れるんだよ。

まりも 4からスローで走って2着か。

ういち 今のはちょっと…ご立腹案件だよなあ。

まりも う〜ん。

5-8 オッズ無視の大興奮

2021/1/22 宮島12R

枠	1	2	3	4	5	6
級別	A1	A1	B1	A2	B1	B1
登録番号／氏名	4566 塩田北斗	4136 江夏満	4111 奥田誠	3350 藤本佳史	3982 福田理	3273 石田豪

ういちの買い目

2-1-34 各5000円
3-1-24 各5000円
2-1-56 各3000円
3-1-56 各3000円
4-56-全 各1000円

鈴虫君の買い目

1-4-2 8000円
1-4-3 8000円
1-4-5 2000円
1-4-6 2000円

オモダミンCの買い目

1-2-3 15000円
1-2-56 各2500円

該当箇所のタイム

5：54：00 ～

該当箇所リンク

動画リンク

共演：鈴虫君・オモダミンC

鈴虫君 やっぱ優勝戦、緊張するんだよなあ。12Rがメチャメチャ緊張する。

オモダ むしろ1－2－6が激アチじゃん。

ういち 江夏マンがプレッシャーかけて奥田さんだよ。あるよ。

鈴虫君 1－4－2より1－4－6

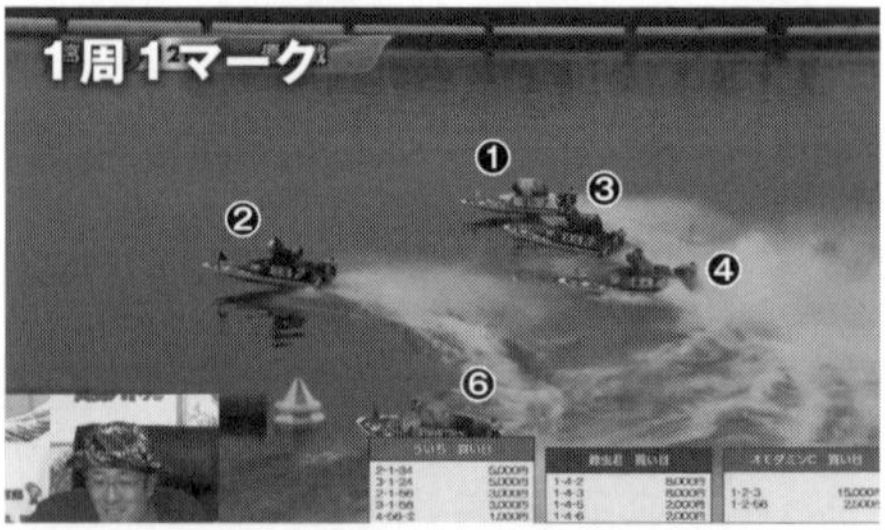

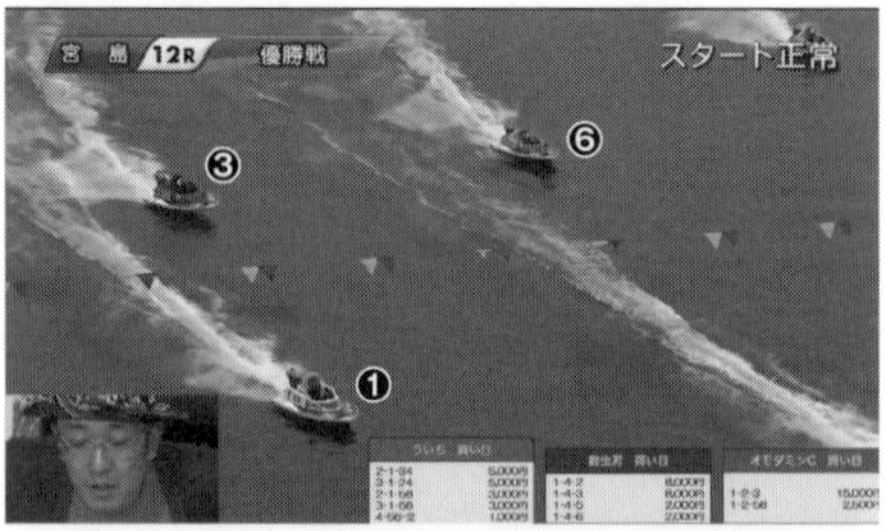

が来た方がいいってことに気づいた。

オモダ　2-1来たら知らん。

（枠なりでレーススタート）

ういち　藤本さん行かないか。

鈴虫君　ちょっと覗いただけでしょ。これは。江夏さんがいい壁。

（1マークは1号艇が流れて2頭に）

ういち　よーし！　差さった‼　これは差さってる‼

オモダ　ピエ～ン。

ういち　絶対に差さってるぞぉ‼

鈴虫君　うわ～。ういちさん、（3着が）6だったら？

ういち　完全に差さっとるぞぉ‼

（2マークは2号艇、1号艇の順にクリア。3番手に3と6）

ういち　OK！　6でもいいぞ‼

オモダ　6の方が全然いい。

鈴虫君　あれ？　額がちがう？

ういち　いいんだよ‼　そんなもんは！

オモダ　アハハハ。

鈴虫君　6の方がいいでしょ。

ういち　じゃあ6‼

オモダ　なんで1回いいんだよって言ったの。

（2周1マークは3が3着優勢）

鈴虫君　あれ？　先頭なんか危なくなってますよ。

ういち　オーイ！

オモダ　いいぞ〜！　いいぞ〜！

鈴虫君　トクナガ出るか〜？

ういち　江夏マンはさすがに大丈夫。

鈴虫君　江夏さん、3周2マークまで気い抜いたらヤバいですからね。マジで。

（2周2マークはかろうじて2号艇がトップを守る）

ういち　オーイ！　は〜6も…。

鈴虫君　どこ見ていいか、わからなくなっちゃってる人が。

ういち　しかも28・9倍まで上がってるからこれ。相当いいんじゃないか。

鈴虫君　ういちさんが勝ち頭ですよ。

ういち　いや、それはないな。

鈴虫君　さあ、江夏。スコーピオン（ターン）見せてくれ！

ういち　ノットスコルピオンで。

（3周2マークを2号艇がクリア）

鈴虫君　あ〜やらないか〜。

ういち　反省したね。6のが良かったねえ。

（結果2－1－3　ういち28・9倍

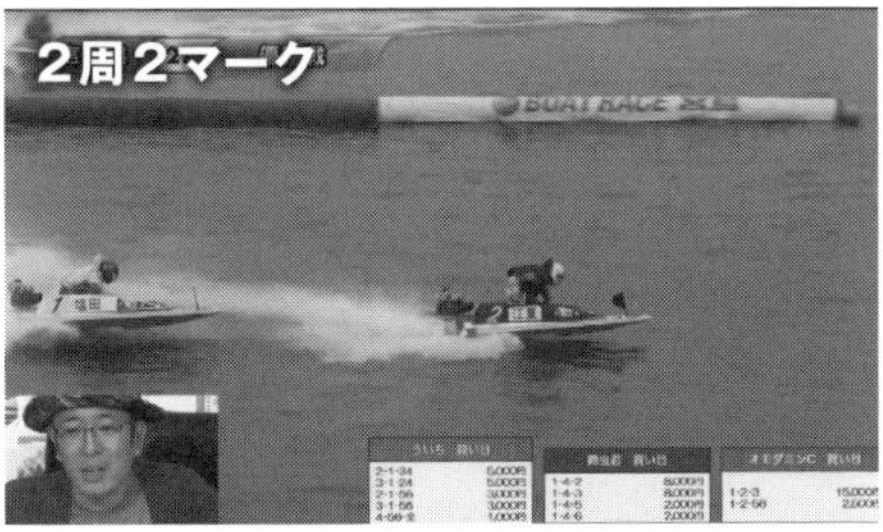

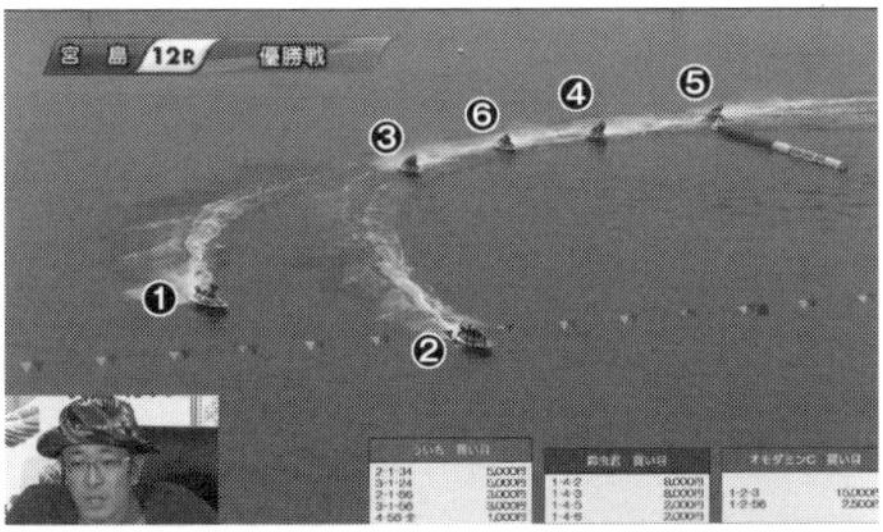

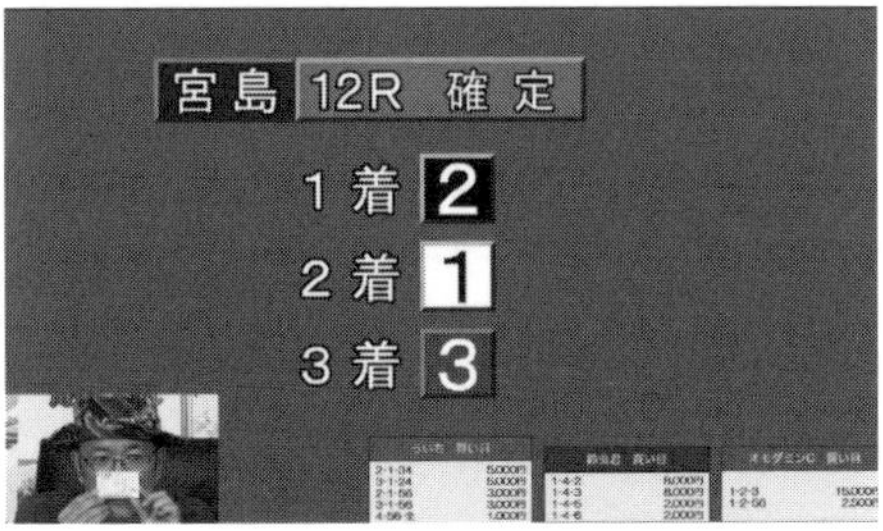

的中）
ういち　ＯＫナイス～‼。
鈴虫君　2-1は完全に見えてなかった。
ういち　やったぜ！　おい。
オモダ　2-1-6だったら27万でしたね！

鈴虫君　やめろ。ういちさん今、気持ちよくなってるんだから。
ういち　逆れたのかなあ。投資分考えたら、相当シビアだと思うんだよなあ。
スタッフ　（一日トータル）マイナス4千円です。

2人　アハハハハ。
ういち　4千円負け？　まあよかです、よかです。
鈴虫君　そっちのトクナガが出た！
ういち　まあ、V字回復してるから、気持ちよくていいよね。精神的収支はプラス20万くらいはある。

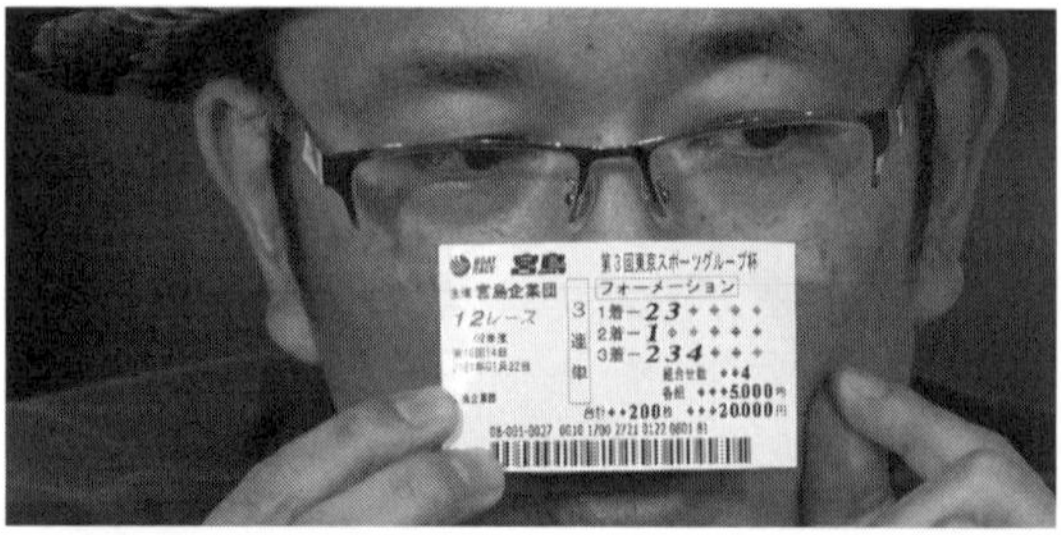

注
スコーピオンターン
下河誉史選手が生み出したターンで、片足をサソリのように大きく振り上げ旋回する技術。取り入れた江夏満選手がグレードレースで披露し、一躍有名となった。

5-9 史上最多の連呼

2022／2／17　宮島　1R

枠	1	2	3	4	5	6
級別	A2	B1	B1	B1	B1	B1
登録番号／氏名	3963 原田秀弥	3906 飯山晃三	4336 松田竜馬	4004 山本浩輔	4349 犬童千秋	4583 古田祐貴

ういちの買い目
135-135-1356 各1000円

マリブの買い目	
1-2=4	各1000円
1-4-356	各500円
4-15-全	各300円

該当箇所のタイム

0：23：20 〜

共演：マリブ鈴木

該当箇所リンク

動画リンク

（レーススタート）

マリブ　いや〜微妙か。4が捲れるほどじゃないか。

ういち　（切った2号艇の）晃三が…。

（1マーク旋回後は1号艇と2号艇が並走）

マリブ　差さった？

ういち　晃三。これ包まれて消える

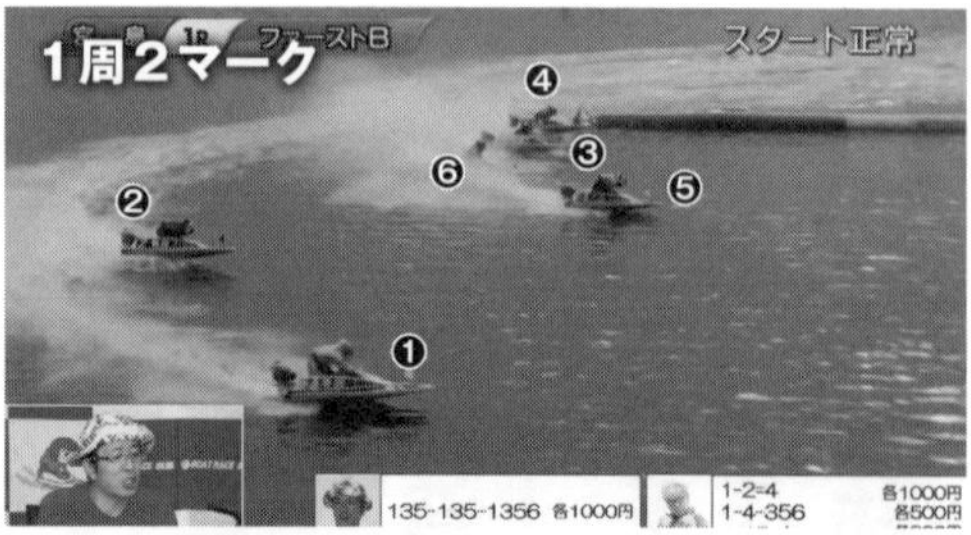

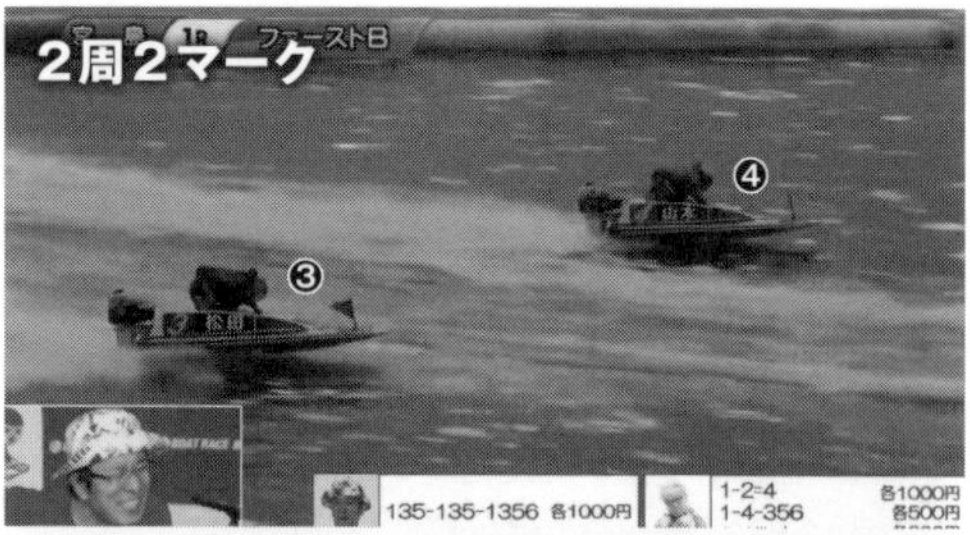

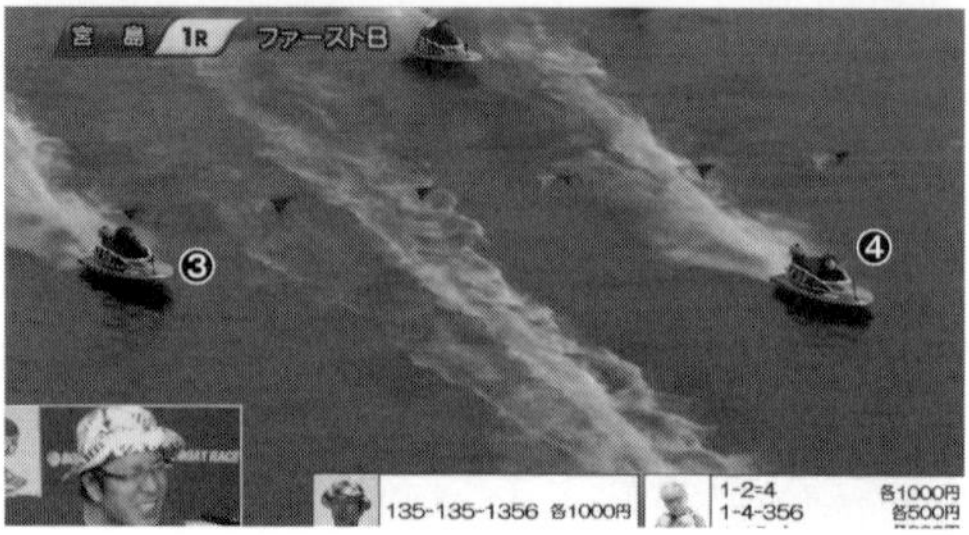

んじゃない、ホラ。5－3ある！

（2マークは1号艇と2号艇がやり合って開いた内側に5と3が飛び込む）

ういち　来い！　よし！　5555！　5－1－3！　よし！　ゴーサインまで行ってみよう。

マリブ　5頭は5－4しかないか俺。

（2周1マークは5－1隊形。3番手は3と4接戦）

ういち　いや〜！　4はいない、いない、いない。ないないないないないないない。4はないないないない。

マリブ　アハハハ。

ういち　3333333！　33333333！　33333333！　333333！

マリブ　頑張れ！

（2周2マークは3番手4が先行）

ういち　33333！　もうろれつが回らない。333333！　頼む頼む頼む！　3333333！　お願いお願いお願いお願いお願い！　333333！　そうそうそう竜馬、竜馬！

（3周1マークは3番手4が先行）

ういち　いや〜！　さん…さん…さん…333333！

マリブ　アハハハ。

ういち　3333333！　3333333！　33333！

（3周2マークも変わらず）

マリブ　あ〜。

ういち　やめてくれよ〜おい〜。

（5‐1‐4の157・8倍で確定）

マリブ　いや〜開幕としては凄いなあ。抜けが来そうって言ってましたけど。アレ？　アハハハ。

ういち　あ〜ハァハァハァハァハァ。なんでこんなに電車で急いできてさ。

マリブ　あの抜けのために急いだかと思うとキツいっスね。

ういち　ふざけやがって〜。これを流すとね24点まで行くから、もうちょっと無理だった。

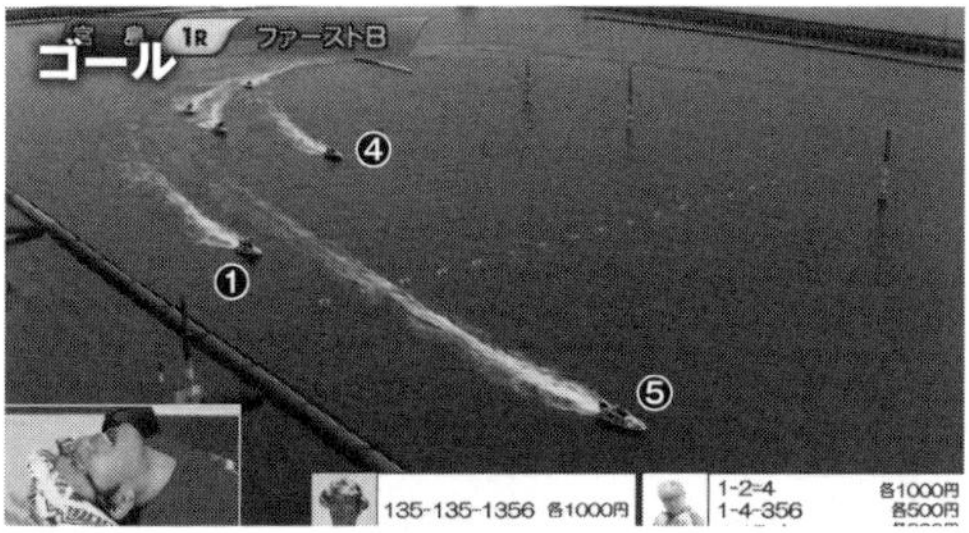

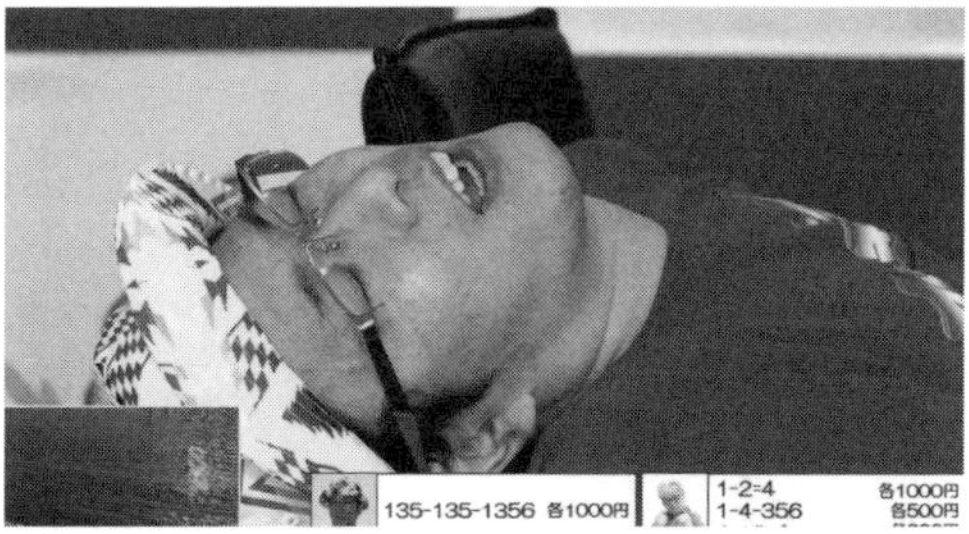

5-10 カメラに絶叫？

2021/6/6　江戸川4R

枠	級別	登録番号／氏名
1	B1	3474 松瀬弘美
2	B1	4781 西舘果里
3	B1	4791 黒澤めぐみ
4	B1	5078 山川波乙
5	B1	4224 大橋栄里佳
6	A1	3611 岩崎芳美

ういちの買い目

1=2-全 各1000円
4-1-全 各1000円
4-全-6 各500円

鈴虫君の買い目

1=2-56 各1000円
1-56-2 各1000円

オモダの買い目

1-全-5 各500円
1-全=6 各500円
1-2=6 各3000円

該当箇所のタイム　1：46：05～

該当箇所リンク

動画リンク

共演：鈴虫君・オモダミンC

※周回短縮で２周レース

（レーススタート）

ういち　波乙ちゃん行って欲しいな。いいんじゃない?。

鈴虫君　ヤバい！　行くまでには至らない。２に引っかかる。２－１でお願いします。

ういち　頑張れ！　頑張れ！

（１マークは４号艇の山川波乙が握

って回り、1と4が並ぶ展開に）
ういち　う〜〜〜〜！　被せろ！
行け行け行け！　よし、頑張れ！
鈴虫君　ちょっと待ってくれ これは全然ダメ。行った行った4－1だ！
ういち　頑張れ！
（2マークは4号艇がリードし、4－1隊形へ）

ういち　よ〜〜〜〜し！
鈴虫君　あとは6が来れば！
ういち　6だと1500円。
鈴虫君　6が来そうですよコレ。でも、2は西舘さんか。
ういち　6と2はどっちが高いの？
もうすぐ（画面にオッズ）出るか。
鈴虫君　同じぐらいですよ。あ、6になる！

（2周1マークは6号艇が3番手に浮上しそうも…4号艇がターンミス）
ういち　あ〜〜〜〜！　波乙ちゃん！
（カメラは3着争いを映す）
ういち　そっちじゃないカメラ〜！
（1着争いにカメラが向くと1号艇が1番手に）
ういち　あ〜〜〜〜！
一同　アハハハハ。

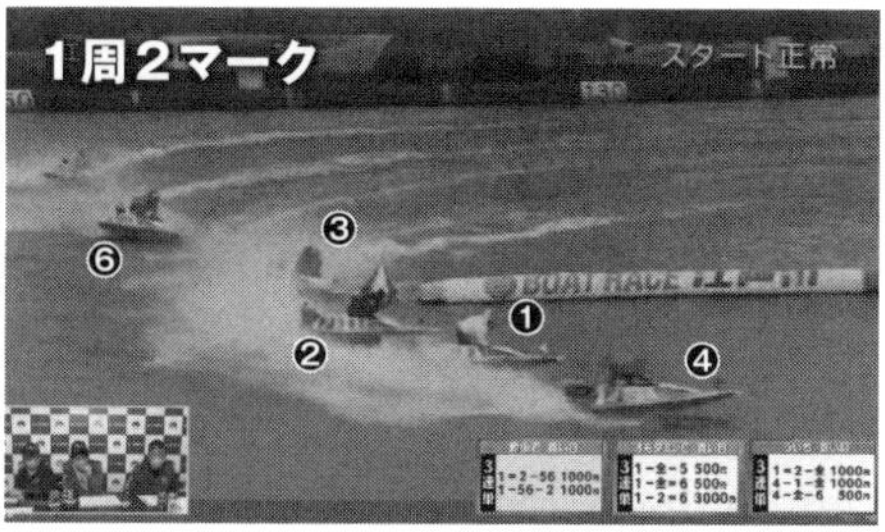

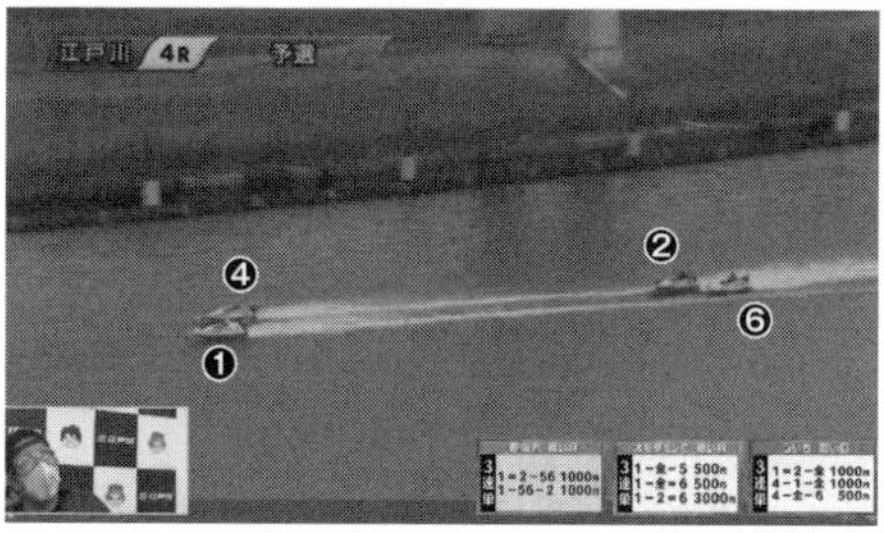

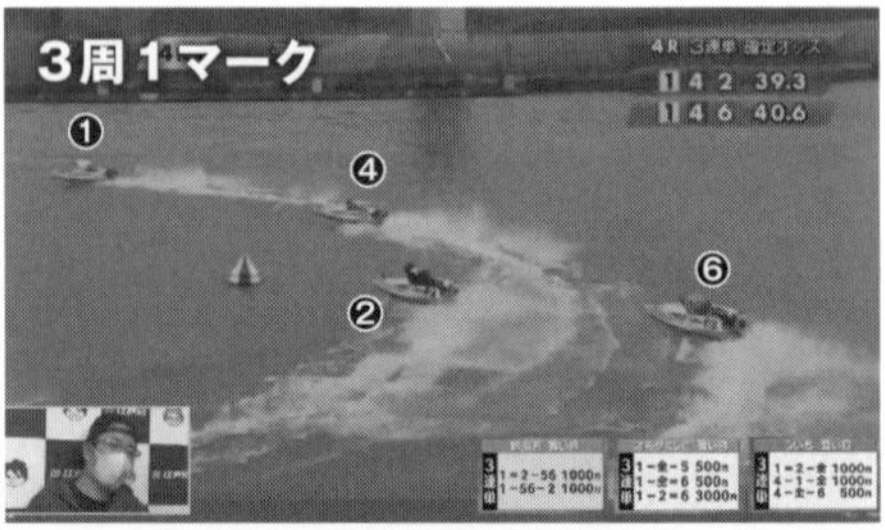

ういち　カメラ〜〜〜〜！

オモダ　しかも1－全－6ならあるんだよな。

鈴虫君　急にオモダが当たる。

ういち　なんだよおい〜！

鈴虫君　1－4－6は40倍あるぞ。あ〜2か。

（3周1マークは1－4－2で旋回）

ういち　どうせなら波乙ちゃん3等まで落ちろ！

鈴虫君　それはひどい。

ういち　そしたら当たるから。1－2－4が。

鈴虫君　そうかそうか。結局コレ全員ハズれてるってこと？　まだわからん。

（3周2マークは1－4－2のまま）

鈴虫君　4－1がなんであそこから1－4になるんだろう。

（1－4－2でゴール）

ういち　いやいやいや、これキツいて。これはしんどいって。4－1－2で84・3、4－1－6で70・2倍だったんで。は〜。

鈴虫君　4－1－6なら10万円でしたね。後ろを応援してたら前でなんか。

一同　アハハハハ。

鈴虫君　ういちさんたまんないっすね。俺ビール飲みたいっスよね。

ういち　たまんねえよ。

鈴虫君　早くビール飲みてえ。

オモダ　急に俺が当たりそうでした。

鈴虫君　あれ惜しかったね。

ういち　惜しかったな。波乙ちゃん頑張ったんだよな。あれ1マークから2マークまで届いてなければ諦めつくんだよね。惜しかったな波乙ちゃんな、で。

鈴虫君　あれ良く頑張って2マーク先に回りましたよね。

ういち　行った分喜んじゃったよなあ。カメラさんもスイッチャーも騙されるっていう。

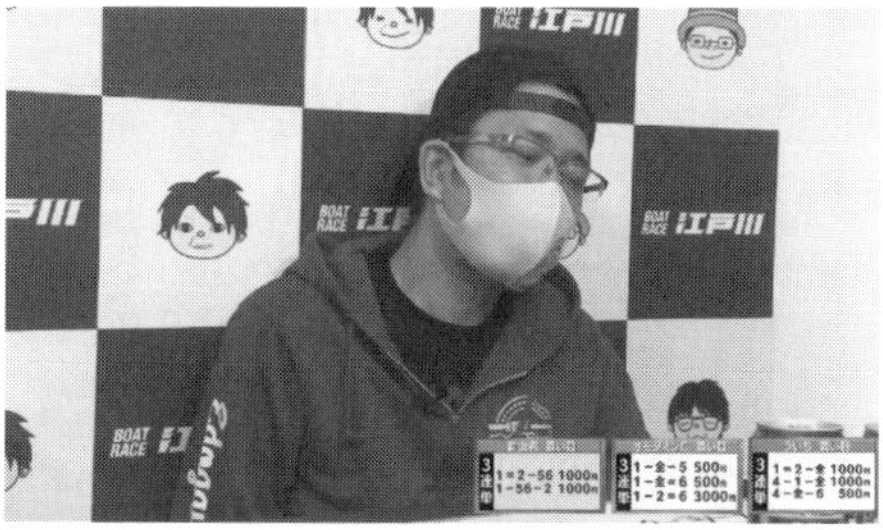

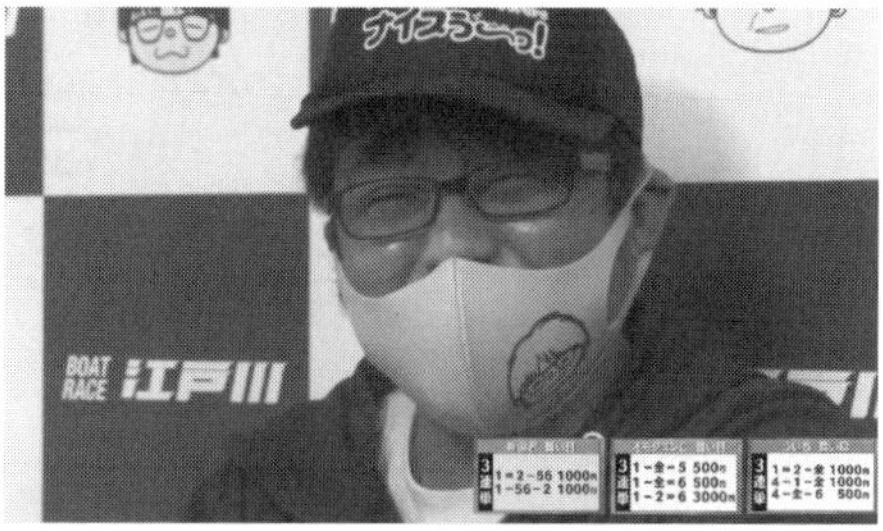

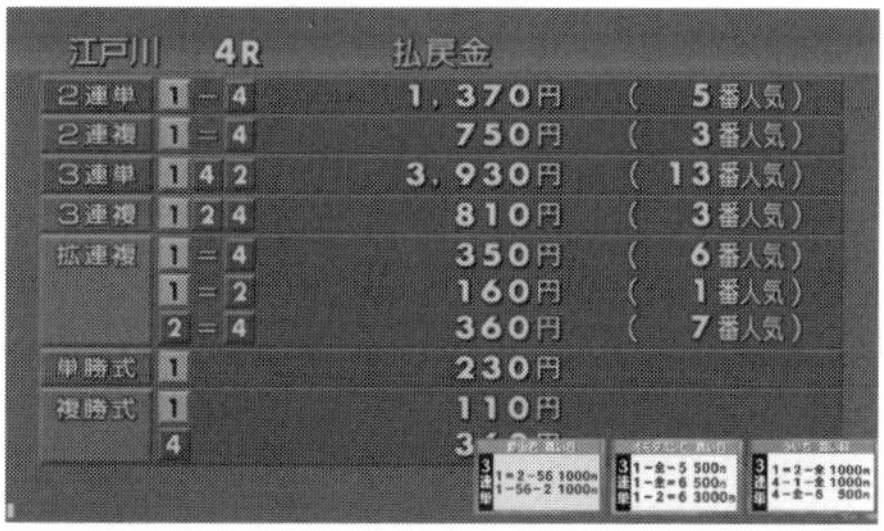

注

スイッチャー

スポーツ中継などで、複数の素材から必要なものを選択し、番組に合った映像に切り替える人。

5-11 ういち VS オモダ

2021/9/20 江戸川3R

枠	級別	登録番号／氏名
1	B1	4407 鹿島敏弘
2	A2	4189 川上剛
3	B1	4815 伏島祐介
4	B1	5023 久永祥平
5	B1	4925 森悠稀
6	A2	4089 妹尾忠幸

ういちの買い目

1=2-全　各2000円
1-全-6　各2000円

鈴虫君の買い目

2-1=全　各500円
3-12-全　各500円

オモダの買い目

1-6=全　各1000円
1-26-26　各1000円

該当箇所のタイム

1：28：30 ～

共演：鈴虫君・オモダミンC

該当箇所リンク

動画リンク

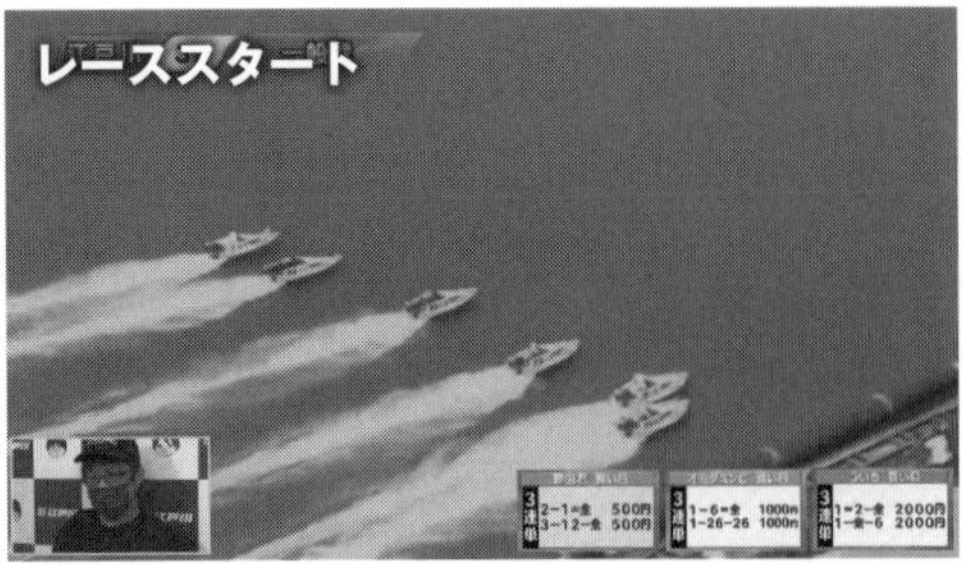

（レーススタート）

鈴虫君　これ伏島さん。攻めれるけど内を飲み込まないで欲しい。川上さん差せるでしょう。

オモダ　逃げれんのか？

ういち　ヨシヨシヨシヨシ。

鈴虫君　全然差せてない。

（1マークは1号艇が先行、2番手

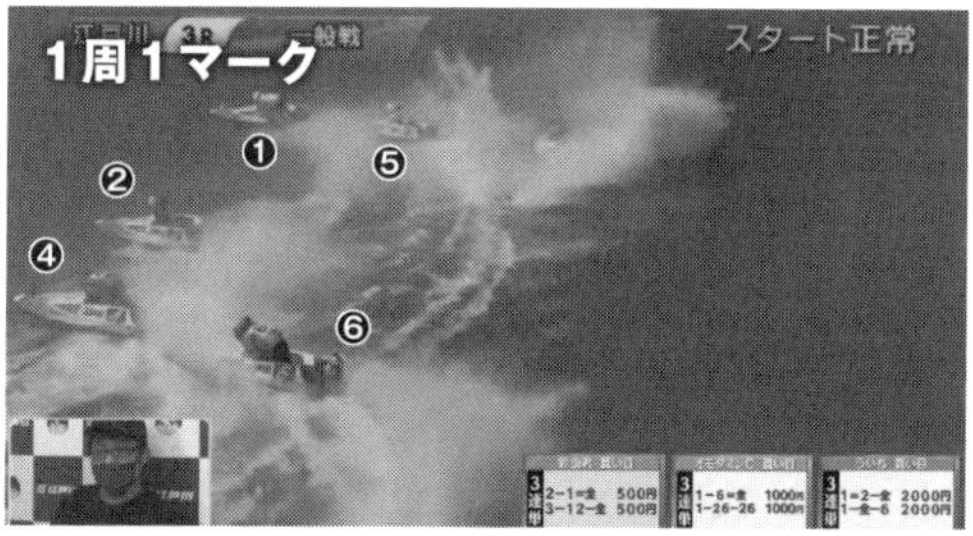

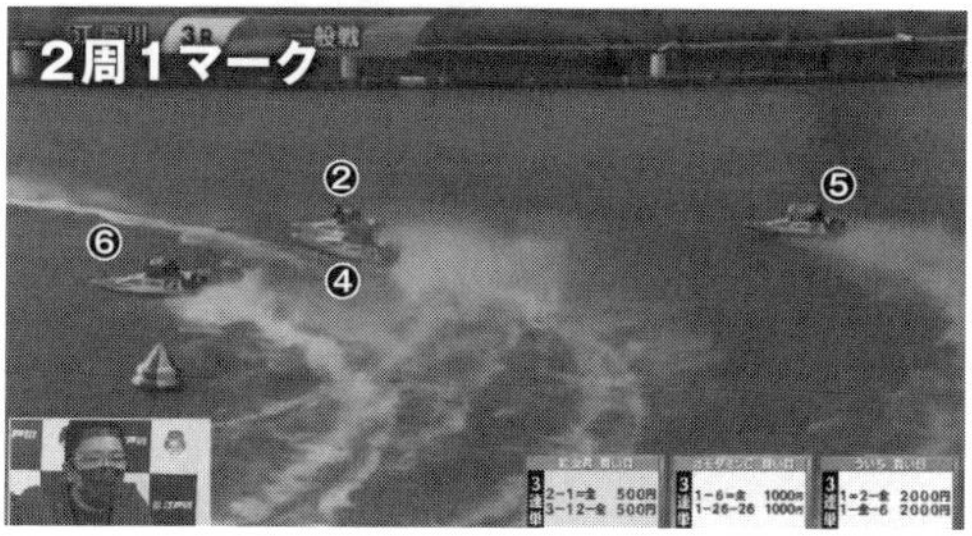

争いは接戦）

オモダ　妹尾さんは2着から3着までよ。

ういち　あ、妹尾さんがいるまだ。ヨシヨシヨシヨシ。そう、先回ったら2等あるよ。

オモダ　ういちさんは2等はダメでしょう。

ういち　あ、2等じゃない3等3等。

オモダ　じゃあ2等で。

（2マークは2番手接戦のまま6号艇がいいターン）

ういち　いや～妹尾さん。ヤメテ～～～！

オモダ　ヨシヨシヨシヨシ。

ういち　やり過ぎ！　やり過ぎ！

鈴虫君　久永さんが来たら、つくんじゃないか。

ういち　張れ！　掛けろ　！掛けろ！　粘れ！　粘れ！　どっちか残れ、どっちか残れ、どっちか残れ。

（2周1マークは4号艇が2番手に浮上）

ういち　残った！　よ～し！

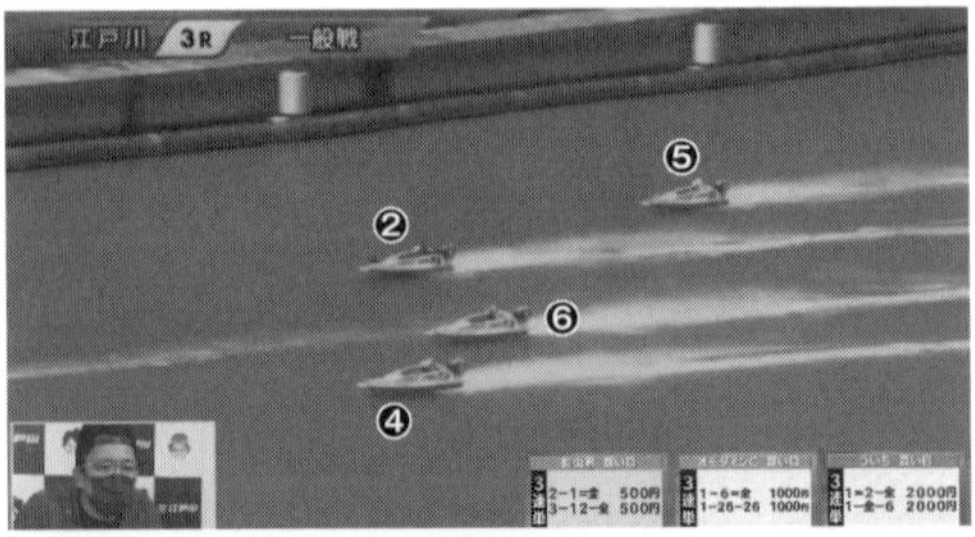

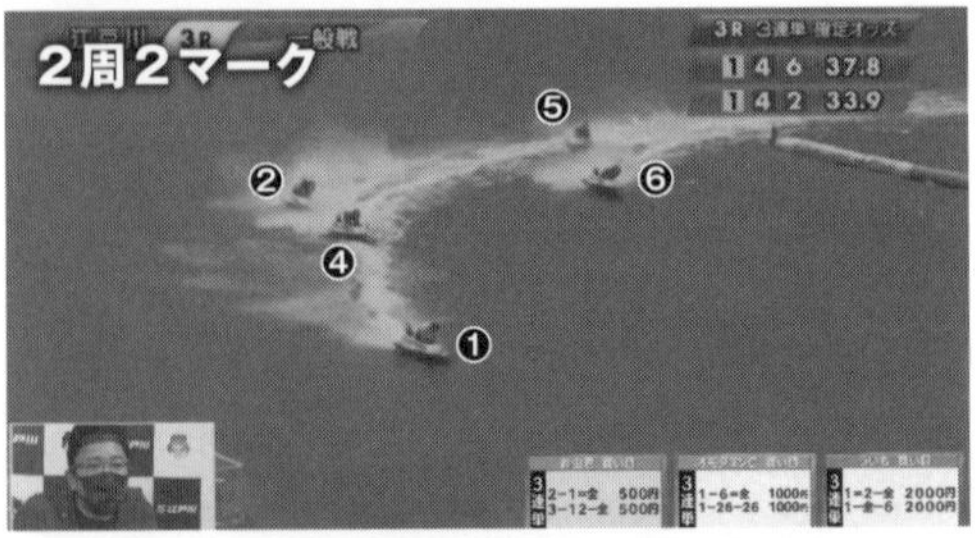

オモダ　1－4－6の方が高い。
鈴虫君　1－4－6の方が高いと思う。
ういち　久永だろ？　今節いいんだよ。頑張って。デカいデカいデカいデカい。妹尾さん。
オモダ　1－6－4の方が高い。
ういち　妹尾さんやめてー！　ヨシヨシヨシヨシ。頑張れ頑張れ。今節いいんだよ久永。頑張れ！　頑張って。
（2周2マークは1－4－6隊形）
ういち　どっちも当たるんだろオモダ。
オモダ　1－6－4は60倍ある。
社長　じゃあ1－6－4。
ういち　社長参加してない。気をつけて！　差すよ！　差すよ！
オモダ　いいよ～妹尾さん！
鈴虫君　久永君今節いいなあ。
（3周1マークは1－4－6の形）
ういち　よし！　もう安全圏だ。
オモダ　ういちさん手を打ちますか。
ういち　ああ、2人当たれば10人プレゼント出るから。俺2000円行った。

オモダ　1－6もあるぞ、まだ。

1－6もあるぞ、コレ。

ういち　あ〜危ない！

社長　ホイ来た！　ヨイショ！

（3周2マークは6号艇が内側を上手く回って逆転）

ういち　あ〜〜〜〜〜！

一同　アハハハハ。

（1－6－4の68・4倍で確定）

オモダ　ありがとうございま〜す。

社長良かったね。

ういち　ひどいよ。今のはひどいよ。

鈴虫君　なんということでしょうか。

ハハハ。ガンギマッちゃってるよ。

ういち　ひどいよ。コレはないよ。

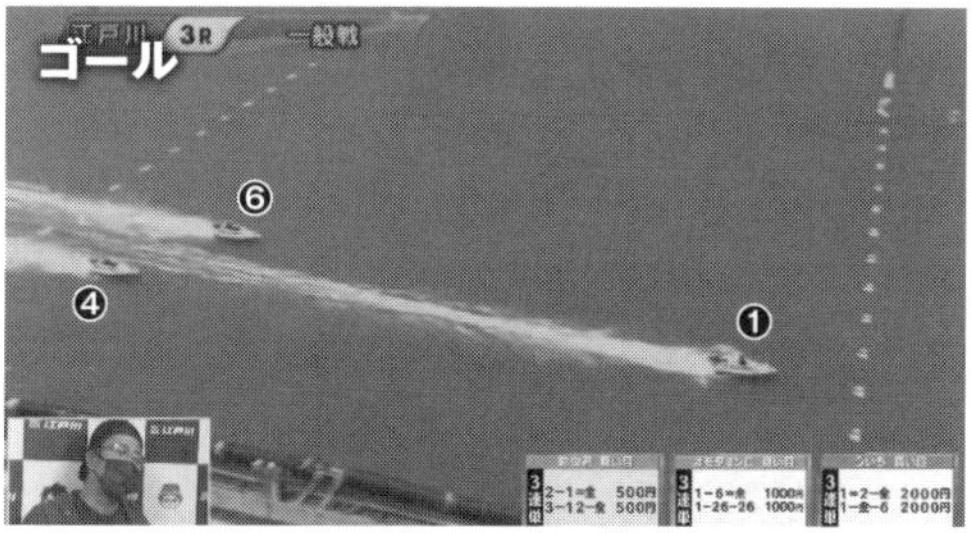

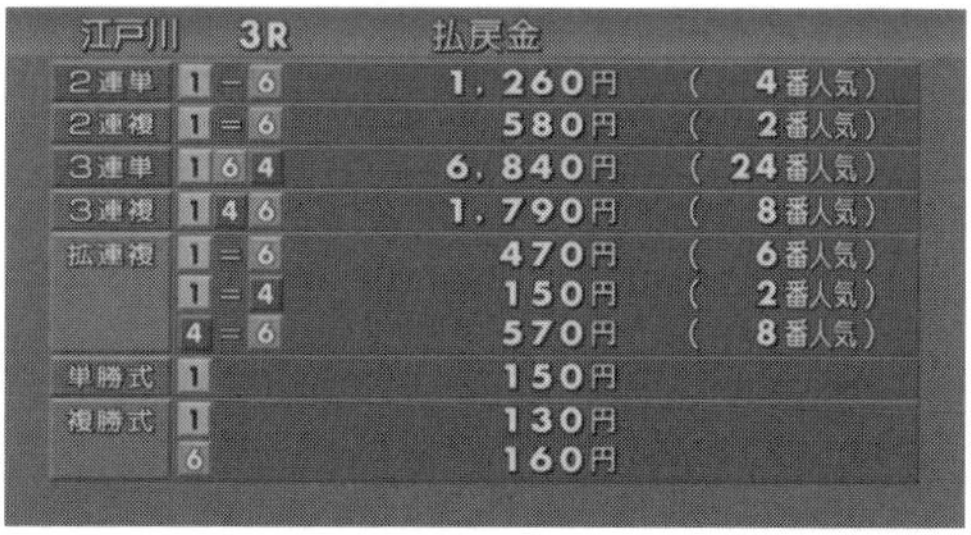

江戸川 3R		払戻金	
2連単	1－6	1,260円	（4番人気）
2連複	1＝6	580円	（2番人気）
3連単	1 6 4	6,840円	（24番人気）
3連複	1 4 6	1,790円	（8番人気）
拡連複	1＝6	470円	（6番人気）
	1＝4	150円	（2番人気）
	4＝6	570円	（8番人気）
単勝式	1	150円	
複勝式	1	130円	
	6	160円	

注

江戸川生ナイスのプレゼントルール

江戸川生ナイスは出演者の的中回数によって、視聴者のプレゼント人数が変わる。3人が同時に的中させられれば一気にプレゼント人数が増える。

5-12 押され捲りブーム

2021/9/4 江戸川6R

枠	級別	登録番号/氏名
1	B2	4026 小林晋
2	A1	4786 佐藤博亮
3	A2	4161 黒柳浩孝
4	B1	4587 木田峰由季
5	B1	4664 東口晃
6	B2	5175 島崎丈一朗

ういちの買い目

3-24-1245 各1000円
4-23-1235 各1000円

鈴虫君の買い目

2-4=135 各1000円

オモダの買い目

4-12-1235 各1000円
3=4-125 各1000円

該当箇所のタイム

2：46：50 ～

該当箇所リンク

動画リンク

共演：鈴虫君・オモダミンC

ういち　本当は4－5とかも買いたいとは考えているんだけど。4－5は黒柳さんの上行かなきゃいけないから厳しいかなと。黒柳さんの方が先に回りそうだなって考えてしまいましたね。これどうですか？　いいですか？

鈴虫君　もうそれ当たりですよ。

オモダ　アハハハ。
ういち　そういう感じだったら、もうわかったよ。
鈴虫君　いや、もうそれ当たりですよ。めちゃめちゃ目の付け所がシャープ。
オモダ　当たりますよ。
鈴虫君　なんで俺達買ってないんだろう。乗ろうかな。完璧だなソレ。付け加えようと思ってるぐらい。
ういち　まだ変えてもいいよ。
鈴虫君　いや本当に思ってます。
ういち　腹立った。時間8分あるんで。
オモダ　俺は正直な気持ちですからね。
鈴虫君　特に4－3はたまらなく。最初言ってたんで。
ういち　変えてもいいよ。変えろよ。
鈴虫君　ういちさん、変えろよはひどいですよ。
ういち　それだけ褒めちぎるなら変えたほうがいいんじゃないの。
鈴虫君　4－3買いたい。すげえ予想だ。絶対当たるヤツだ。いいなあ。
ういち　3に押されると思うじゃん。3が押されるから。
鈴虫君　もう誰が押されるかを考えなきゃいけない。ボートレースってやだな。実際ここ何レースか押され

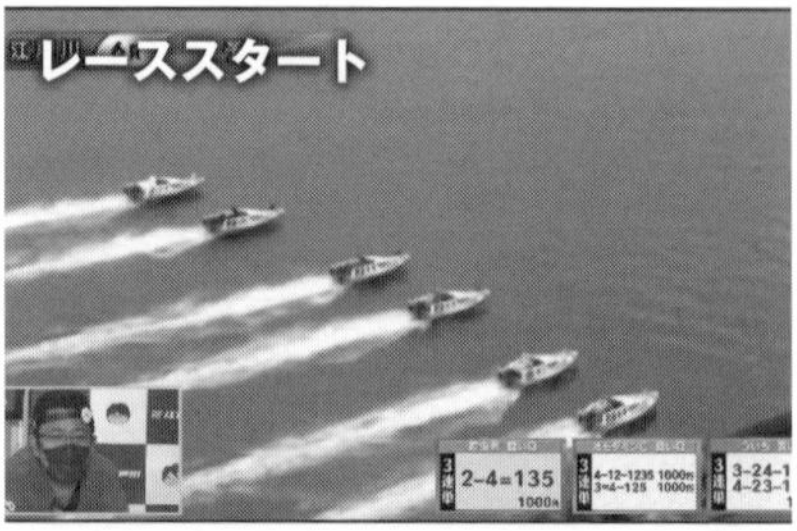

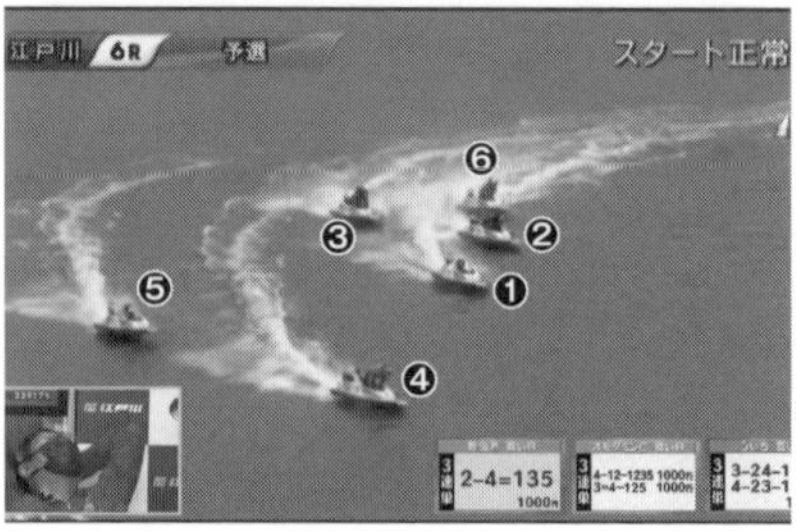

た人が勝ってますもんね。

ういち　そうなんだよね。今の峰由季は押して引いて捲り差すことができる。

鈴虫君　4-3じゃあ付け足していいですか？

ういち　いやいや、もう足してほしくないね。

鈴虫君　わかりました。勝負ですよ。

（レーススタート）

鈴虫君　4が行ってる。押すのか？

ういち　押さない。豪快に行った！

（1マークは4号艇が捲りを決めて、2番手は5号艇が先行）

ういち　あ〜！　うわ〜！

鈴虫君　4-5だ。

オモダ　いや、まだあるよ4-1、4-2。道中あるよ。

ういち　東口さん、いいのよ今節。

（2マークは1号艇がターンマークに当たり4-5隊形に）

ういち　うわ〜！

オモダ　一瞬4-1だったじゃん！

（2周1マークは4-5-1の順に旋回）

ういち　いや〜！　これは悔しい。

オモダ　4-1だったじゃん！

鈴虫君　ういちさん、レース前に4-5はないって話があったような気がするな。うわ結構つくな。

ういち　あ〜！
オモダ　まだあるだろ4-1-5。
（2周2マークも変わらず）
ういち　あ〜アハハハ〜。
鈴虫君　言霊は怖いな。
ういち　あ〜アハハハハ〜。
鈴虫君　悔しがってる。
（3周1マークもそのまま）
ういち　痛恨ずら。
一同　アハハハハ。

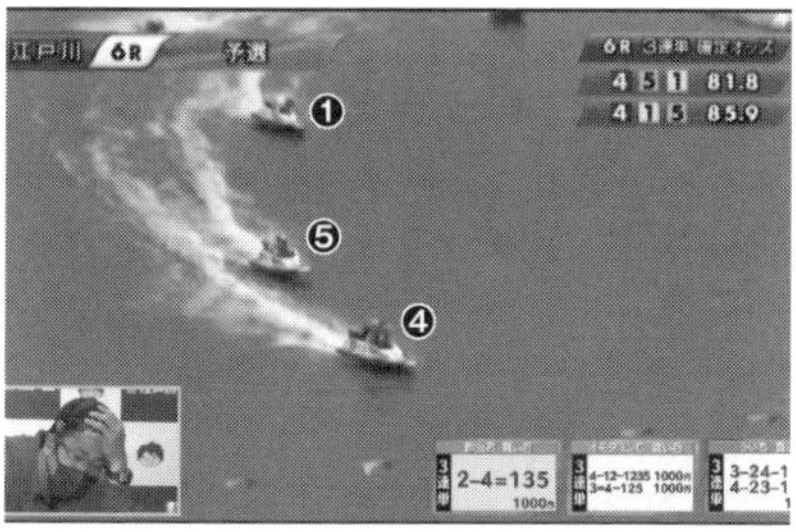

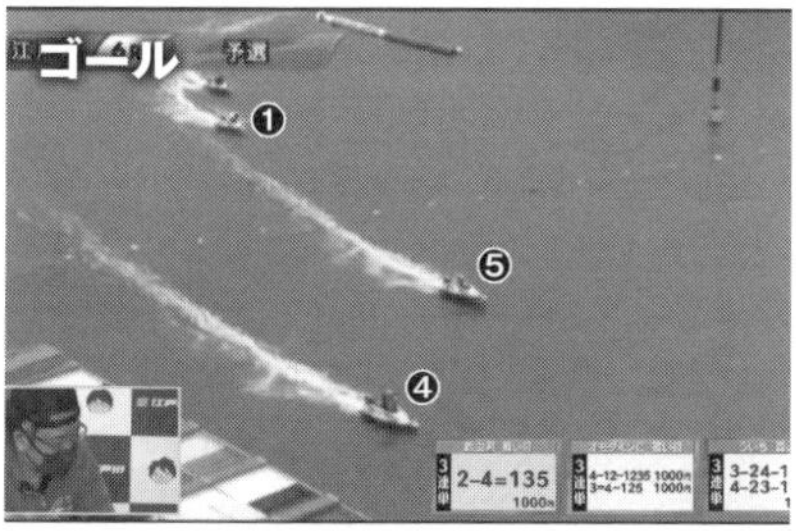

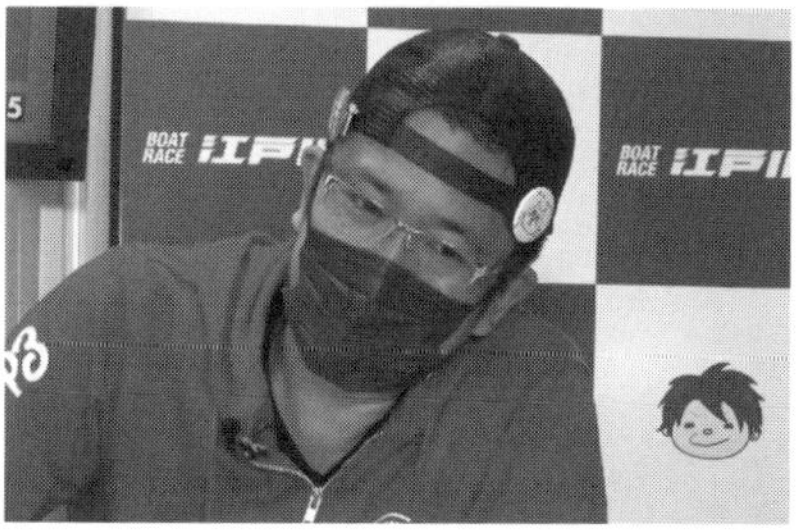

鈴虫君　もうキャラ崩壊しちゃってる。新キャラ出るなあ。
（4-5-1の81・8倍で確定）
鈴虫君　ってことは4-5は気になってたんですか。
ういち　めちゃくちゃ気になってたよ。最後の最後に黒柳さんのチルト1・5を見て…上にはちょっと行けないのかなあって。最初から峰由季を押してて。これはダメだ！　ひどい。
鈴虫君　スタート揃ってから上行きましたもんね。
ういち　あれだけ言っといて買ってないのはダメだ。

小林晋選手の御冥福を心よりお祈り申し上げます。

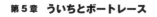

5-13 帯ゲット？

2020/8/16　江戸川11R

枠	級別	登録番号／氏名
1	A1	4095 福来剛
2	A1	4608 荒井翔伍
3	A2	4318 桑原将光
4	B1	4728 山口亮
5	A2	4053 芦澤望
6	B2	3138 椎名政浩

ういちの買い目

1-23-4　各10000円
3-1-245　各10000円

鈴虫君の買い目

2-15-全　各1000円
1-35-35　各5000円

オモダの買い目

1-2-5　1000円
1-5-2　5000円
5-12-12　各1000円
5-12-6　各500円
5-12-34　各300円

該当箇所のタイム

5：16：32～

共演：鈴虫君・オモダミンC

該当箇所リンク

動画リンク

ういち　ここで将光からのビーオ君。

オモダ　放送ではないいんですか？

ういち　ないない。ＳＥ用意してんの？　ゴォーって地鳴りのようなやつ。

（レーススタート）

ういち　翔伍（2号艇）遅れた。将光チャンス！　よーし!!

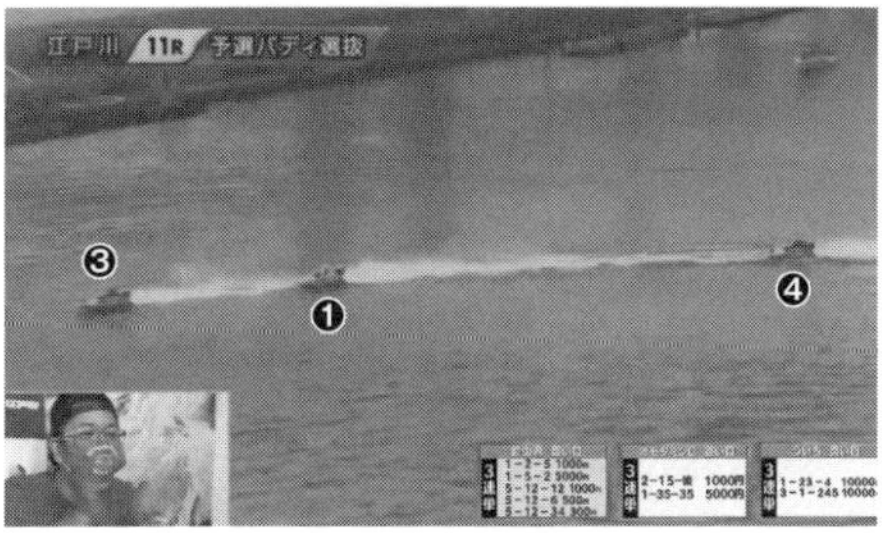

（1マークは3号艇の桑原将光が捲り差してリード）

ういち　将光ー！

鈴虫君　マジ。

ういち　（3着）4あるぞ！　将光ー！　ちゃんと回れよ！

（2マークは将光がリードしたまま、3ー1ー4隊形）

ういち　3ー1ー4！　3ー1ー4！

鈴虫君　ビーオが出てきてる！　ういちさんオッズは僕が確認します！　画面見て！　画面見て！

（2周1マークも3ー1ー4隊形のまま）

ういち　よーし！　3ー1ー4！　3ー1ー4！　3ー1ー4！　なんと配信初のビーオ君は将光との完全合体か！

オモダ　完全にできてるもん。

ういち　めっちゃドキドキしてきた。

（3周1マークも変わらず）

ういち　ちょっともう見ちゃうよ。

鈴虫君　いやいやいや。確定画面で見ましょう。

（3周2マークをクリア。ビーオ君が準備中）

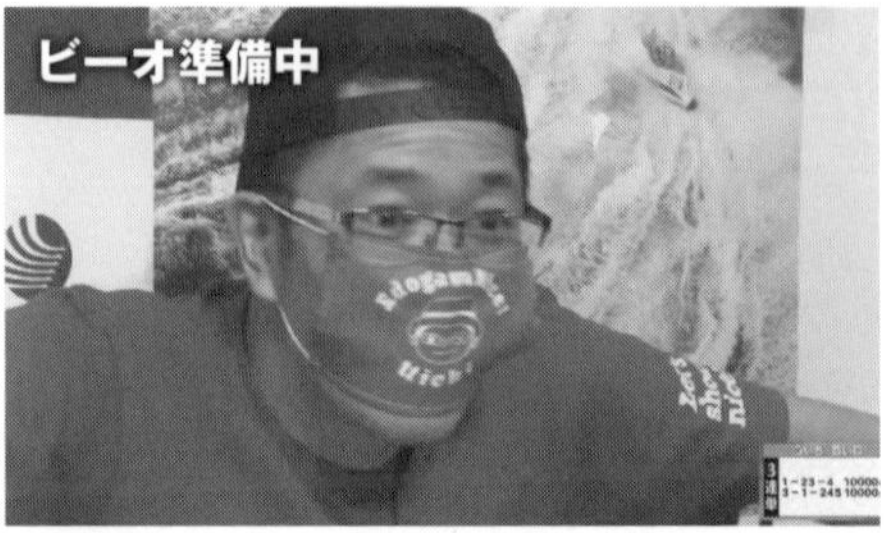

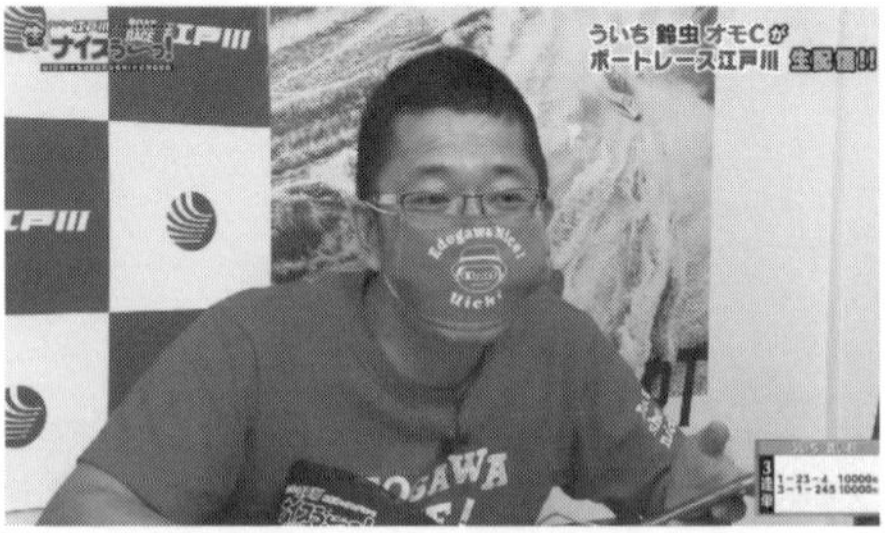

鈴虫君　きたきた！　すげえ。

（3－1－4で確定。ういち的中）

ういち　ゴォーーーー！

鈴虫君　ういちさん数字が並ぶんで。並んだ。カウントダウン。

スタッフ　万舟だったら100万円ね。

鈴虫君　早く出して！

（配当は7650円。100万円には届かず）

一同　あ〜。

鈴虫君　帰っていった！　帰っていった！　ビーオ君が。

スタッフ　全然惜しくもない。

ういち　嘘だろ…。

一同　アハハハハ。

ういち　はっ？

鈴虫君　ビーオ君がちょっと覗いてる。70万円分ぐらい出てる。ビーオ未遂きました。

ういち　俺さ。まだ見るな、まだ見るなって言ってるから、絶対超えてるんだと思ってたの。

鈴虫君　途中で僕見たんですよ。あ、超えてないって思って。

一同　アハハハハ。

スタッフ　76万円！　しかもエアー

じゃない。
オモダ　結構届いてなかった。
ういち　なんなんだよ。
鈴虫君　買った時はあったんですか？
ういち　全然あったよ。ビックリだね。
一同　パチパチパチパチ。
ういち　正直ショックです。
鈴虫君　俺等言えなかったです。ゴボゴボやってたから。
ういち　観てる人だって、わかってた訳でしょ。
鈴虫君　ええ。僕らの役目はういちさんにオッズを見せないことでしたもん。
ういち　俺だけ踊らせられてた訳でしょ。
鈴虫君　3ー1ー5じゃなくて良かったですよ。半分になっちゃうから。でもすごいですよ。
ういち　その言い方。
鈴虫君　それ以外ないでしょ。すぐそうやって拗ねちゃうんだもん。

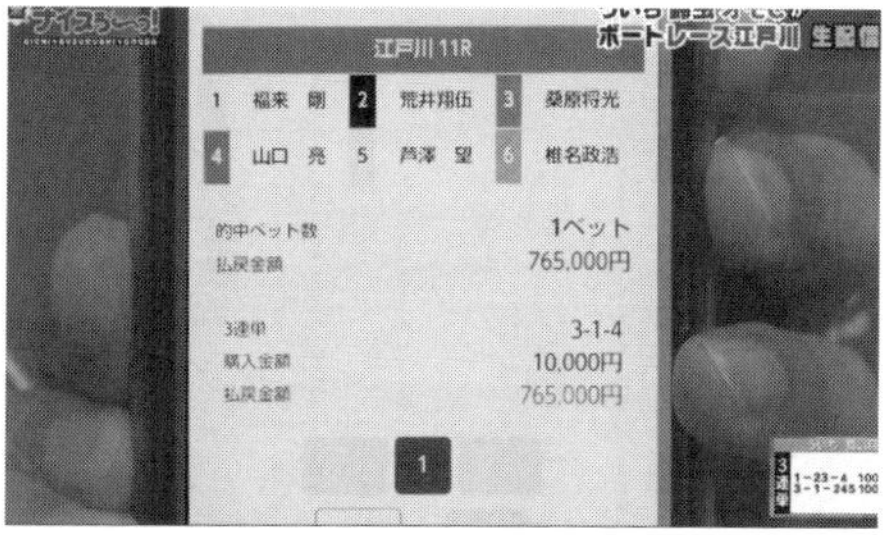

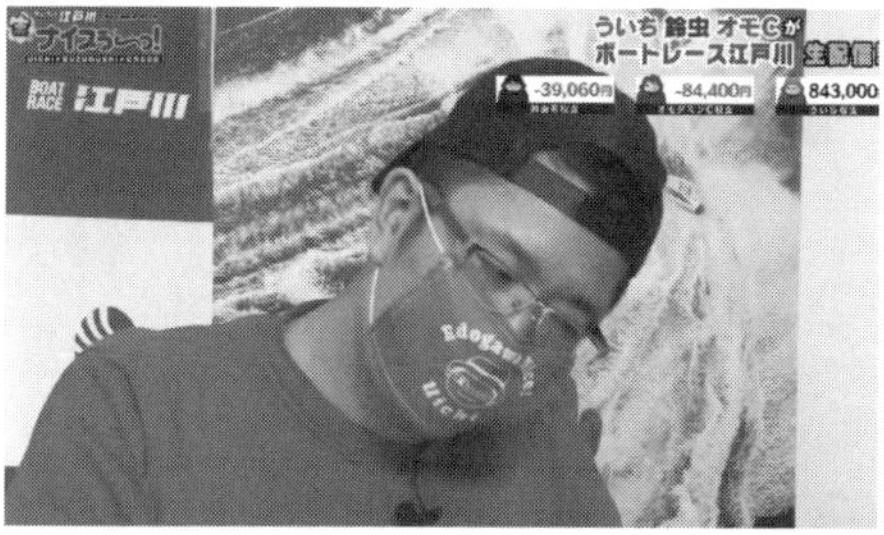

注

ビーオ君

ういちの考えた謎のキャラクター。100万円当たる時にどこからか現れる妖精で、ボートレース大村の優勝戦配信には、ういちの描いたビーオ君が登場している。

5-14 ういちの特選

2022/3/25　江戸川5R

枠	級別	登録番号／氏名
1	B1	4563 齋藤真之
2	B1	4113 木村浩士
3	A2	3686 鳥居塚孝博
4	A1	4102 益田啓司
5	A2	4159 向後龍一
6	B2	5211 高井駿弥

ういちの買い目

1-45-2345 各1000円
1=3-245 各1000円

鈴虫君の買い目

1-3=245 各1000円
3-1-245 各1000円

オモダCの買い目

1-345-345 各1000円
3-145-145 各1000円
345BOX 各200円

該当箇所のタイム

2:09:30～

共演：鈴虫君・オモダミンC

該当箇所リンク

動画リンク

ういち　全然キツイ。ちょっと消しますんで、特選お買い得情報になるのかどうか。1－2－全、2－1－全というところを消しますね。消しますんで好きな人は買ってみてください。

鈴虫君　今日初の特選。

ういち　ああ。

（待機行動中）

ういち　向かい風と潮の流れを考えると益田さんの一発とかもありそうだけど、2で止まりそうなんだよね。

（レーススタート！　スロー勢が好スタート）

鈴虫君　よし！　理想的。

ういち　鳥居塚！　差さる、差さる、これは差さる。

（1マークは1号艇と2号艇の間に3号艇が捲り差しを狙う）

鈴虫君　あれ？　2に併せられてる。あれ、ういちさん2－1だ。

ういち　いや～これ！　いや～これ！

一同　アハハハハ

ういち　いや～これ！　これは嫌だ。嫌すぎる。

鈴虫君　2－1はほぼ万（舟）ですよ。

（2マークは2号艇が先行。1・3号艇が2番手）

ういち　いや～！　嫌すぎる。特選過ぎる！　マジでヤメてくれ！　嘘だろ、オイ！

（2周1マークは2－1－3の順に旋回）

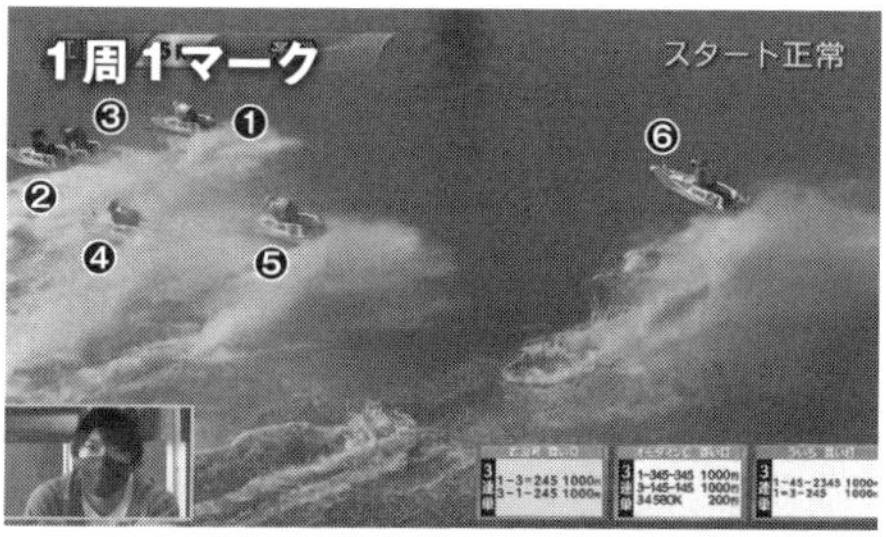

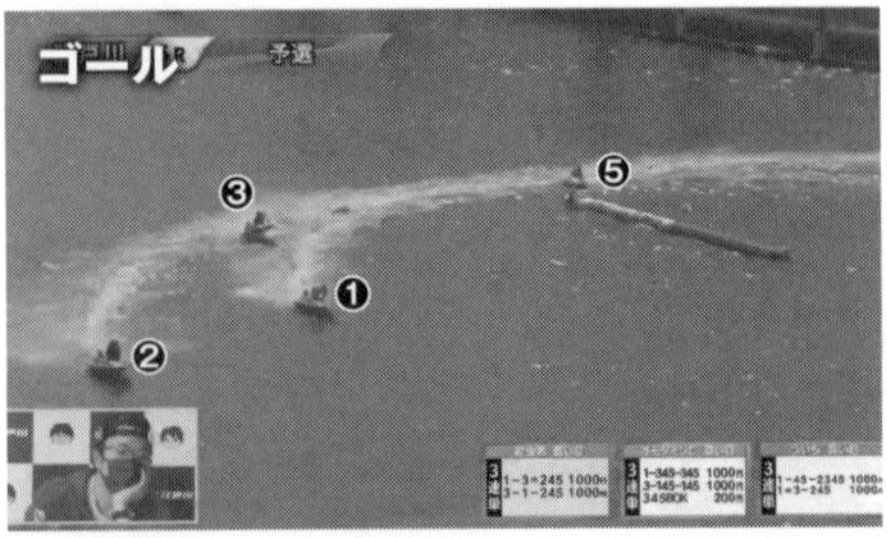

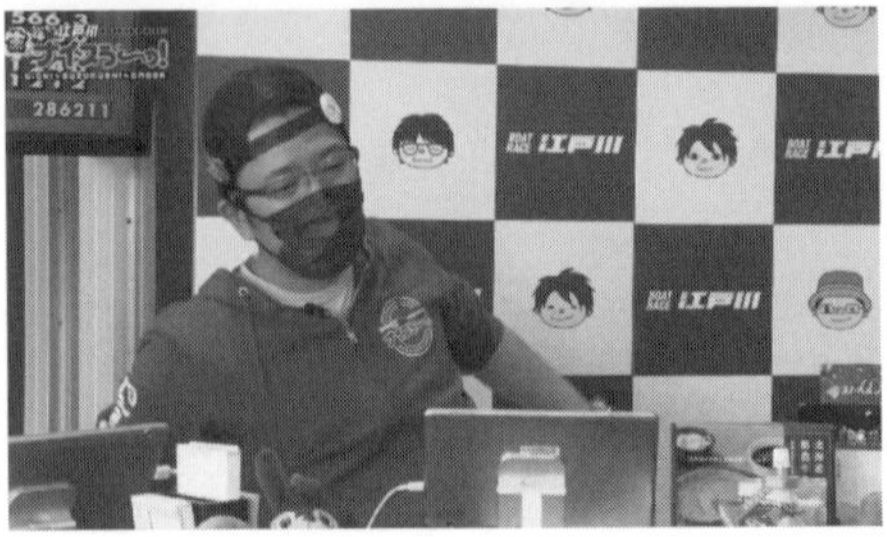

ういち　いや〜！

鈴虫君　特選解除ならずだ（笑）。

ういち　いや〜！　ヤメて！　ホントヤメて！　2-3！　鳥居塚！

（2周2マークは変わらず）

鈴虫君　こういう時は変わらない。特選確定。

ういち　く〜〜〜〜！　嫌すぎる。

オモダ　でけえ（笑）。

ういち　考えられんぞ、これ。

（2-1-3の97倍で確定）

オモダ　可哀想過ぎる。

鈴虫君　ういちさん何やってるんですか、ホントに。いい加減にしてください。

ういち　精度がまたすごすぎるよ。

オモダ　あんなの3-1だと思うけどなあ。

鈴虫君　形は3-1だったのになあ。

ういち　俺の特選で買ってみた人います？　えっ？　ディレクターが買ってんのかよ。大村のクラシックも節間1回しか出してないけど1の1だからね。

鈴虫君　キツイよ、ういちさん。

オモダ　なんで2-1だと思ったんですか？

ういち　まず誰もそんなに行く人がいなさそうと思って、そうは言ってもインには不安がある。2号艇の木村選手は当地勝率も6点あるし。スタートも悪くなかったし。だから、みんな行かなければ2－1もあるかなって。

鈴虫君　なんでそこ買わねえんだって話ですよ。

ういち　さすがにないかと。オッズとか見て日和ってるのかもね。

鈴虫君　高すぎて逆にないだろうって。

ういち　ああ。1－2、2－1を1－3、3－1にしちゃった。

鈴虫君　次。買い目は見えてたわけですから。

ういち　自分の不甲斐なさにちょっと悲しくなってくるよね。あ〜キチィ！　これだけでプラ転だったたもんなぁ。エーイ！

注

（ういちの）特選
ういちが買い目を決める上で一旦買おうとしてヤメた出目が高頻度で当たることから、いつしかそうした目が「特選」と呼ばれるようになった。

クラシック
一年に８回あるSG競走の一つ。毎年３月に開催され、年間で最も早い時期に開催される。以前は総理大臣杯と呼ばれていた。

5-15 新技炸裂！

2022/2/6 江戸川12R

枠	級別	登録番号／氏名
1	A1	3874 山本寛久
2	A1	4604 岩瀬裕亮
3	A1	4311 岡村仁
4	B2	5095 小原聡将
5	A2	3708 岡部貴司
6	A1	4586 磯部誠

ういちの買い目

4-1-全 各2000円
4=5-全 各2000円
5-6-全 各2000円
3-1-全 各2000円
1-3-56 各10000円

鈴虫君の買い目

1-23-235 各10000円

オモダの買い目

45-全-全 500円
1-5-全 1000円

該当箇所のタイム

5：48：00 ～

共演：鈴虫君・オモダミンC

該当箇所リンク

動画リンク

ういち　痛恨の買い漏らしがあったよ。3-1-全の各5千円だけが丸々抜けてしまっている。

鈴虫君　ういちさん、その中で一番ないんじゃないですか？

オモダ　大丈夫ですよ。

ういち　券売機が要求する金額がおかしいなと思って。予定の金額入れ

たのに2万も戻ってきて、こんな間違いするかなと帰ってきて、あれ～と思ったら、3－1－全の各5千円を全部買っていません。これ3－1－全のフラグがゴリゴリ立ったよ。

鈴虫君　3－1来たら金メダルですよ。

ういち　来たらね。江戸川の入口にある大魔神を1つ取って俺にしてもらうわ。やっちゃったよ～。

鈴虫君　大丈夫。2万得したと思っていきましょう。

オモダ　うん。得してます。

ういち　小原くん、いいぞ。腕まくりしたぞ。思いっきりいけよ。

（レーススタート）

ういち　いいぞ！　かぶれかぶれ！　抜け出て！　斜めにいけ！

鈴虫君　3で止まったろ！

ういち　ああ、行かな～い。

鈴虫君　ヤバい！　3－1の感じがある。

（1マークは3号艇の捲り差しが入り3－1隊形に）

ういち　お～い！

一同　アハハハハ！　嘘でしょ！

ういち　あ～！　ダメだって！

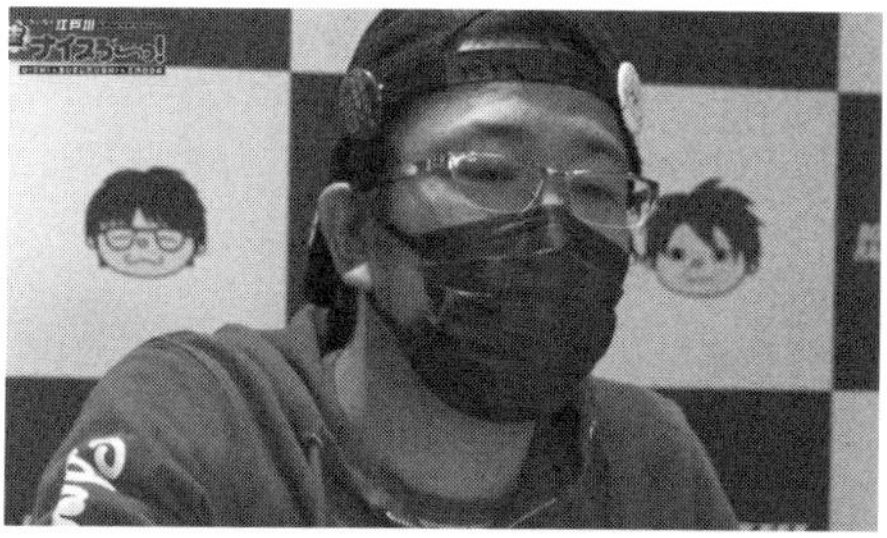

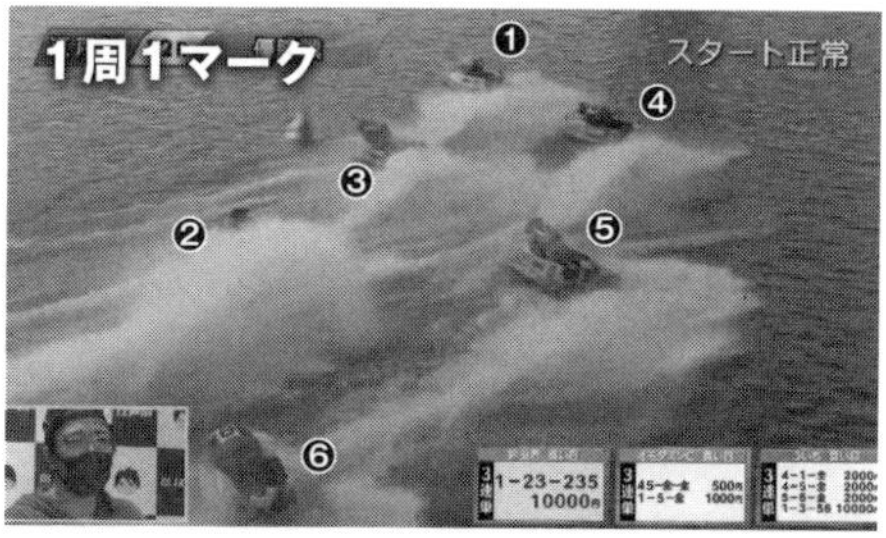

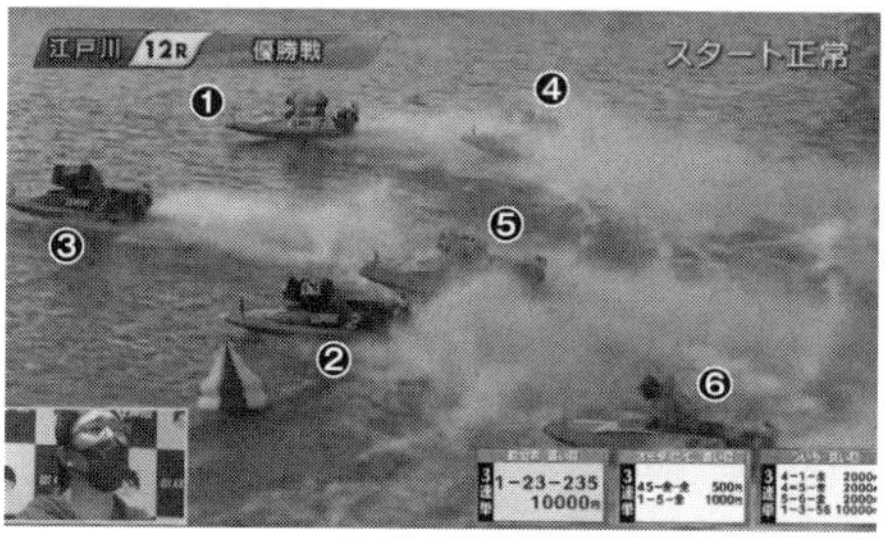

鈴虫君　ヤバい！　今ので脇腹痛めた。

（2マークは3－1隊形のまま）

ういち　あ〜！

一同　アハハハハ！

鈴虫君　脇腹痛い！

ういち　ないないないないない！　あ〜！

（2周1マークは3－1－4の形に）

ういち　あ〜！　ないないないないない！

鈴虫君　あ〜痛い。脇腹痛い！

オモダ　（オッズが）高え！

ういち　最初万張ってたんだもんね。ここね。

（2周2マークもそのまま）

鈴虫君　俺、ういちさんが業界に長くいる理由が分かりましたよ。

ういち　あ〜！　ないないないないない！

鈴虫君　しかも3－1からそこそこ高いところ。

オモダ　3－4になればいいんじゃないですか？

（3周1マークも3－1－4）

ういち　はあ…。

オモダ　俺もう左見れないよ。

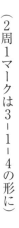

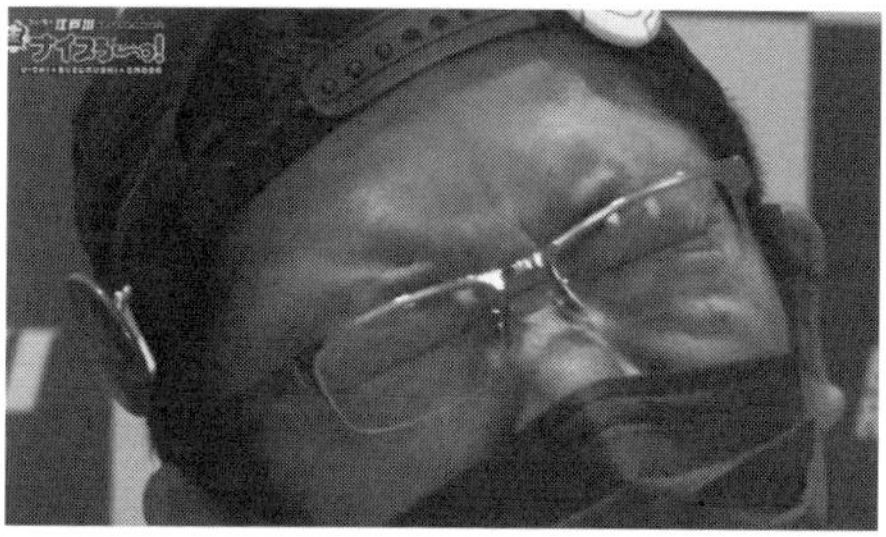

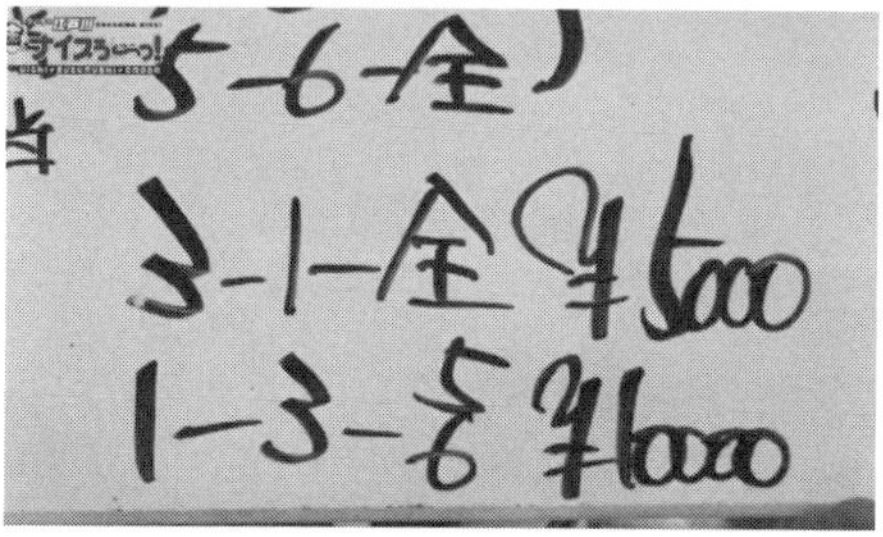

ういち　一瞬アッて気がついた時にはもう手遅れだったんだよ。

（結局3－1－4のまま57・7倍でゴール）

鈴虫君　ういちさん、これ現実ですよ。

オモダ　可哀想すぎる。

鈴虫君　気の毒。

ういち　全部あるんだぜ。他全部。ホントに嫌な予感がしたわけ。買い目に5千円って書いてて、そのままにしても誤魔化せるじゃん。でも、ここが来たときに舟券見せないのは悔しい額だったから、先に発表しないとなと思って言ったんだよ。

オモダ　他はちゃんと買ってますもんね。

鈴虫君　2万足りないのは計算して行ったんですよね。

ういち　全部で7万くらいと思って行ったら2万円ぐらい戻って来ちゃって…。

鈴虫君　なぜ2万の差に気づかない。

ういち　でも買い目があまりに多すぎて、うん買ってるよなあ、うん。買ってるってなって、やっちゃった。あ〜バカバカバカ！

オモダ　ういちさん舟券当てるのうまいなあ、しかし。３－１は買えないよ。

鈴虫君　ね。あれ持ってたらメチャメチャ気持ちいい捲り差しですよ。キレイな。

スタッフ　最初万張ってましたよね。それを５千円にして。

鈴虫君　自分でハズレに持って行くという。

一同　アハハハハ！

鈴虫君　凄いですよね。

ういち　１－３－５６の買い目を足してなければ買えてたんだよ。こっちに気を取られて、マークカード塗るのが多すぎて…。あ〜〜〜〜！

一同　アハハハハ！

鈴虫君　最大57万まであったのか…。

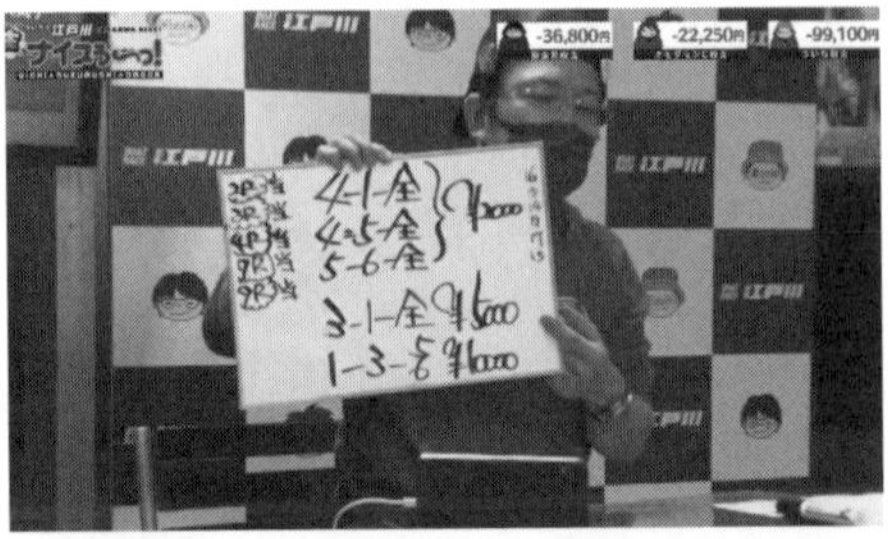

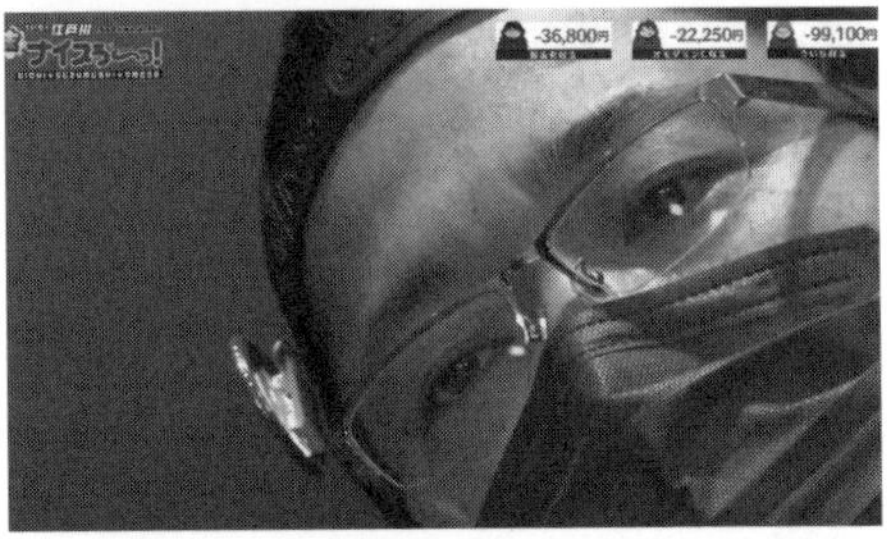

注

江戸川の大魔神

ボートレース江戸川の敷地内には２体の大魔神が安置されており、シンボルマークとして愛されている。

5-16 2回当たる

2022/4/17 江戸川3R

枠	1	2	3	4	5	6
級別	B1	B1	A1	A2	B1	B2
登録番号／氏名	4219 本岡勝利	4211 村田敦	4441 末永由楽	4652 酒見峻介	3463 乙津康志	5191 飛田江己

オモダの買い目	鈴虫君の買い目	ういちの買い目
3-25-全 各300円 2-3=全 各500円	4-12-1235 各500円	23-234-12345 各1000円

該当箇所のタイム

1：07：05 ～

共演：鈴虫君・オモダミンC

該当箇所リンク

動画リンク

ういち 村田さんからでいいと思うんですけど、2着に4を入れたほうがいいんじゃないかって凄く悩んでました。1を4にしてみます。

鈴虫君 切っちゃうんですか?

ういち うん。何かを変えないと。

鈴虫君 特選か。

ういち 1が4になりました。特選

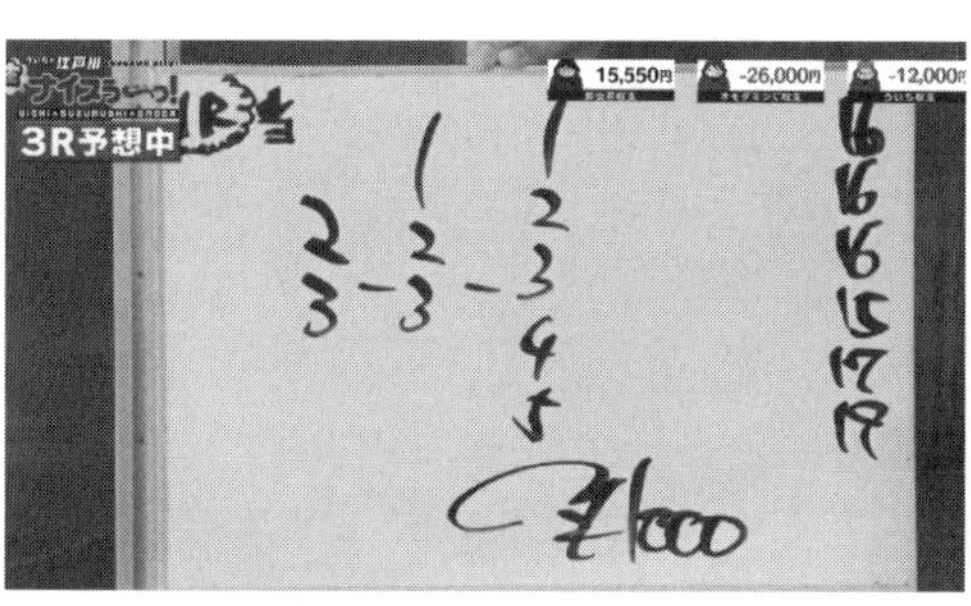

お買い得情報としましては、23ー1ー45になるのか。最近変更して変える前の方が良かったっていうケースはあまりない気がするんで、その辺も考えて皆さんも買ってみてください。

（レーススタート）

鈴虫君　4が伸びないか。そこからどこまで。

ういち　ヤバい。

鈴虫君　ちょっと6がいいか。あ〜厳しいな。

ういち　よし！　ＯＫ！

（1マークは2号艇の差しが入り先行）

鈴虫君　2ー4か。

ういち　しっかり。しっかり。

鈴虫君　あ、変えたほうが来るってことか。もしかして。

オモダ　3はあるよね、これ。

（2マークは2番手争いが1と3に）

ういち　これなら大丈夫だろ。

オモダ　2ー3ー1の方がちょっとつくのか。

ういち　オーイ！

（2周1マークは1号艇の差しがいい角度で入る）

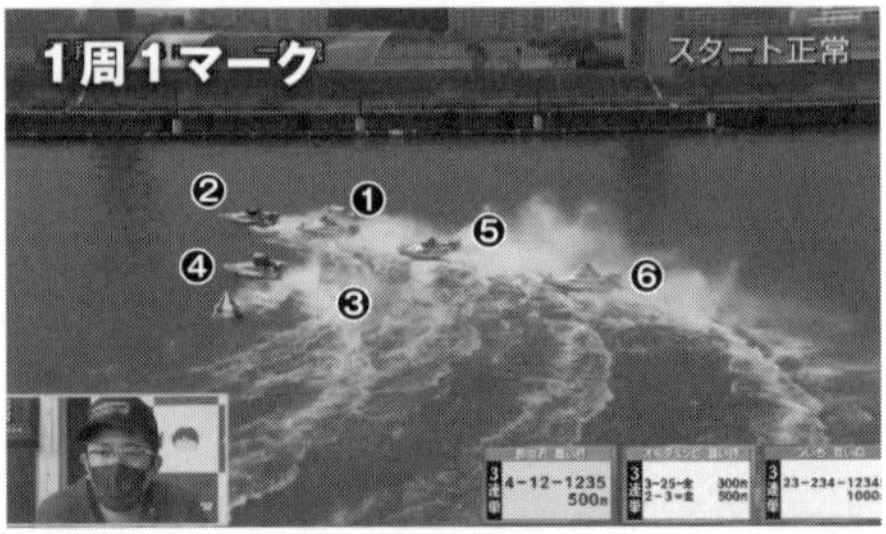

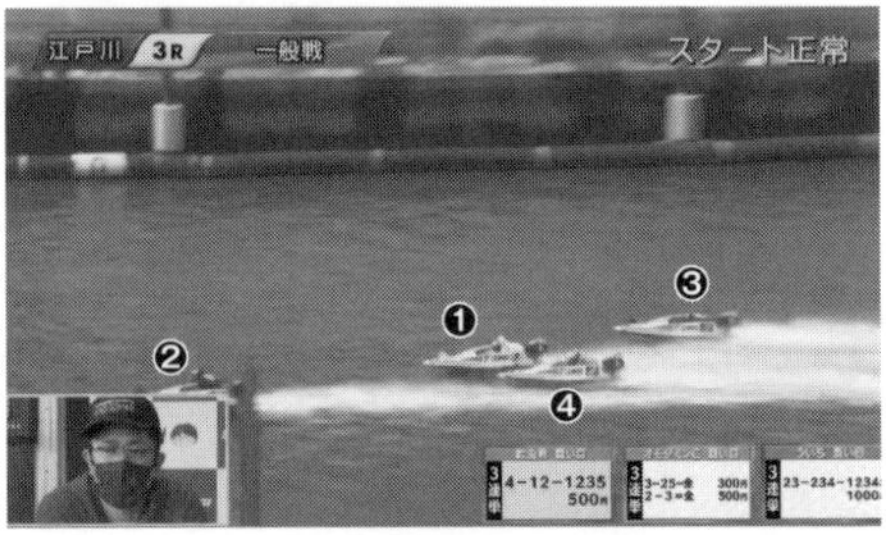

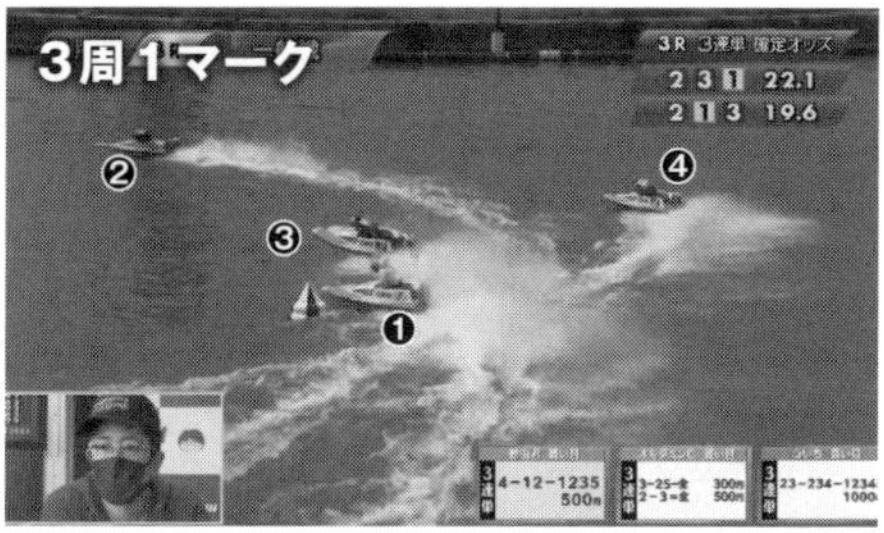

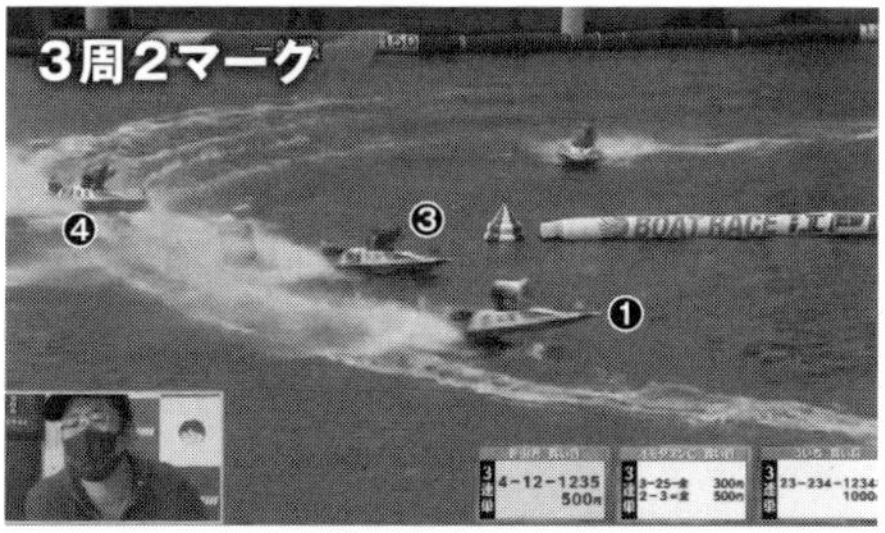

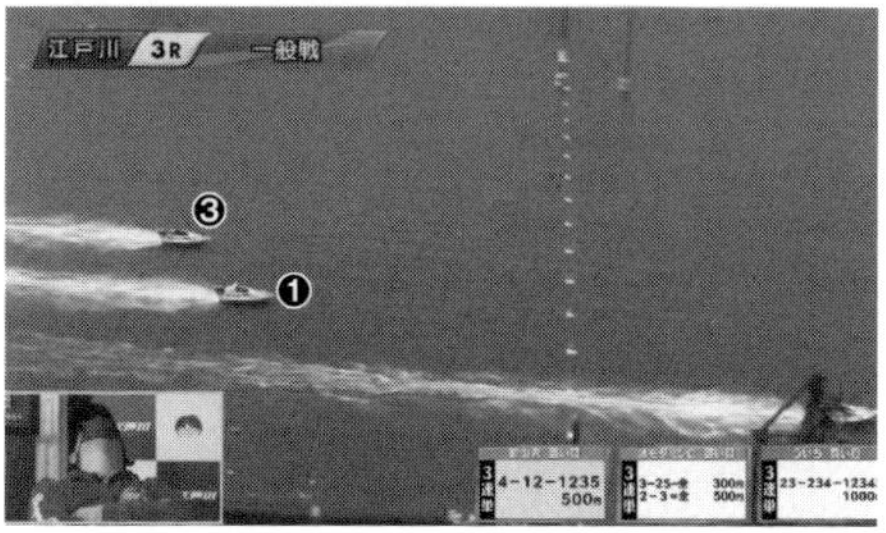

ういち　オーイ、1が伸びてきてる！　ダメダメダメダメダメ。

鈴虫君　大丈夫。

ういち　おかしいおかしい。変に伸びてる伸びてる伸びてる。

鈴虫君　変には伸びてない。普通に伸びてるだけ。

ういち　変だよ。こんなの。

（2周2マークは3号艇の差しが入り2－3に）

ういち　危ない！　危ない！　しっかり！　今度は伸びないよ。あっぶね～。もう一回気をつけてよ！

鈴虫君　これは大丈夫。1の行き場はない、と見せかけて。

（3周1マークは1号艇の差しで2着争いが接戦に）

ういち　オーイ！　オーイ、またやられとる。

一同　アハハハハ！

オモダ　俺も2－3－1の方がいいんだけどな。

ういち　最後ちゃんと決めてくれよ！　もう、やられそう！

鈴虫君　大丈夫じゃない。

（3周2マークは1号艇が競り勝ち2番手に。そのまま2－1－3の19・

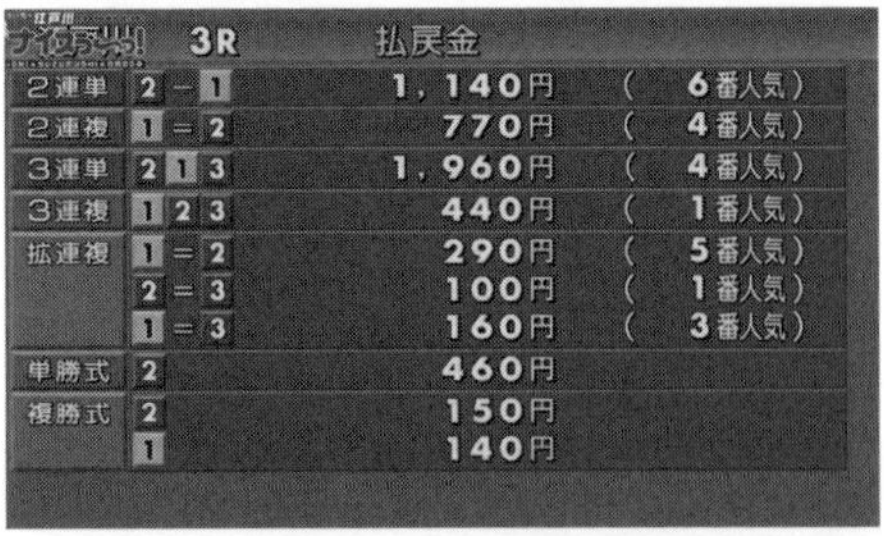

6倍で確定）

ういち　出たー！　もう腹立つ！腹立つ～！

鈴虫君　なんで変えるかね～。ういちさん。

ういち　腹立つ～！

鈴虫君　ガンギマリ。ちょっと泣いちゃってるもん。

ういち　何だよこれ。

オモダ　2回当たりましたね。アハハハ。

鈴虫君　気の毒だな～。気の毒だよこれは。

オモダ　2回当たったもん。

鈴虫君　気の毒だな。50歳泣かしちゃダメだよ。

ういち　腕的に3じゃん。

オモダ　そうですね。

鈴虫君　2回当たってるんだもん。可愛そうだなあ。

オモダ　これが現実。

鈴虫君　いいな特選。シンプルトクナガでしたね。

ういち　2－3に2回なったね。腹立つ～。

5-17 完全な隊形

2022/5/1 江戸川3R

枠	1	2	3	4	5	6
級別	B1	A1	B1	B1	B2	A2
登録番号／氏名	3065 増田弘喜	4161 黒柳浩孝	3868 尾形栄治	3812 山崎聖司	4818 伏見俊介	3075 中村裕将

オモダの買い目
23-5=全　各500円
2-全-3　各500円

鈴虫君の買い目
5-2=全　各1000円
2-5=全　各1000円

ういちの買い目
346-346-全　各1000円

該当箇所のタイム

1：20：50 ～

共演：鈴虫君・オモダミンC

該当箇所リンク

動画リンク

ういち　さあ尾形さん、展示通り叩いてよ。

オモダ　叩きそう。

ういち　全然黒柳さん行ってるが。

（レーススタート）

ういち　放らないか？　放った。よし！

鈴虫君　4が握れば伏見君にチャン

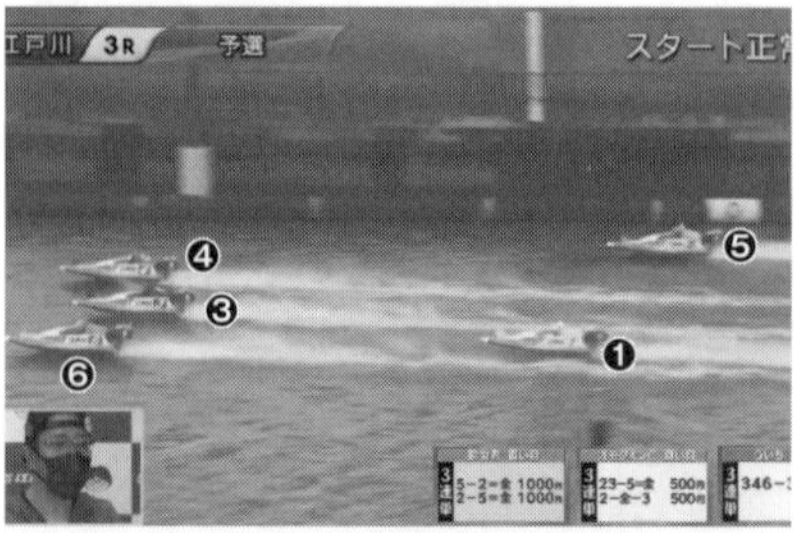

スあるぞ。来た！　伏見スーパーターン！　全部ブロックされた。

ういち　よ〜し！

（1マークは3・4・6号艇が先行）

ういち　よ〜し6頭！　やった！　346−346−全！　ドンピシャ！　これは気持ちイイ！　素晴らしいぞ！

鈴虫君　6−4とか相当つくでしょ、コレ。

（2マークは6号艇が先に回って、3・1が続く）

ういち　OK！　ちょいちょいちょい、6−1はない！　6−1はない！

鈴虫君　4だったらつくぞ。

ういち　6−1はない！　6−1はない！

鈴虫君　尾形さんだから大丈夫そうだけど。

ういち　尾形さんは昨日メッシ（飯山選手・A1）を差し切ったあの尾形さんですから。3と4邪魔し合わないよ。

（2周1マークは6−3−14の順で旋回）

ういち　お〜い！

鈴虫君　大丈夫です。カメラマジックですよ。デカい。

ういち　ちょいちょいちょい！　お、

お〜い！

オモダ　大丈夫ですって。さすがに。

ういち　絞って！

鈴虫君　大丈夫ですって。

（2周2マークは2番手接戦も内側に3号艇）

ういち　危な〜い！

一同　アハハハハ！

ういち　頼む頼む頼む！　頼むよ！　ホント。尾形しゃん、尾形しゃん。

鈴虫君　言えてない（笑）。

（3周1マークは2番手3号艇がリード）

ういち　ナイスー！　おい！

オモダ　ういちさん、大丈夫です。

鈴虫君　大丈夫ですよ。カメラマジック入ってるんで。

オモダ　近い。

ういち　1回切っとこうか〜！　切っとこうか〜！　よ〜し！

スタッフ　大丈夫だ。

ういち　しっかり〜！

鈴虫君　1が開いた。

オモダ　お、怪しい。

鈴虫君　あ、あ。

（3周2マークは3号艇のターンが膨らみ、1号艇が差しで切り込む）

ういち　お〜！　ダメダメダメダメ！　尾形〜！　おがた〜！　おあ〜〜！

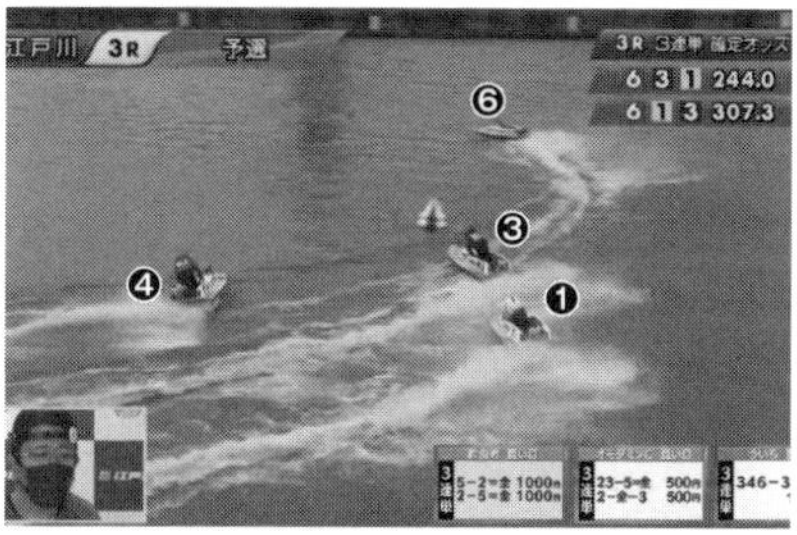

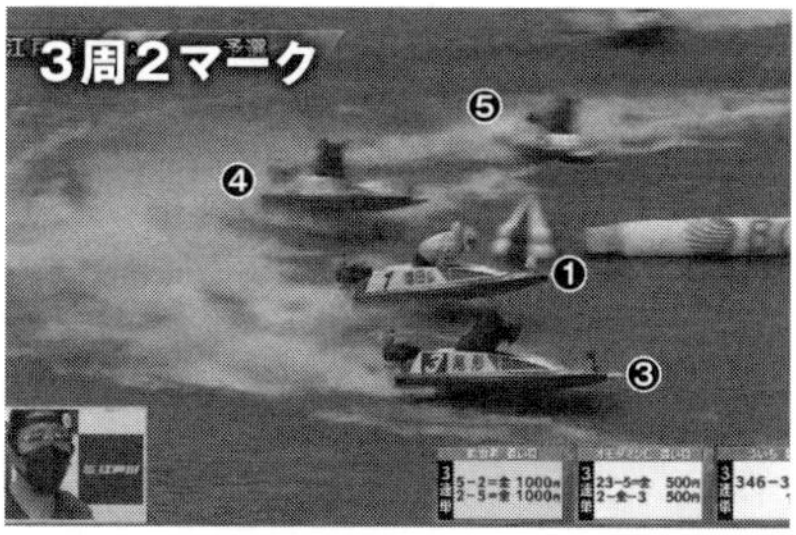

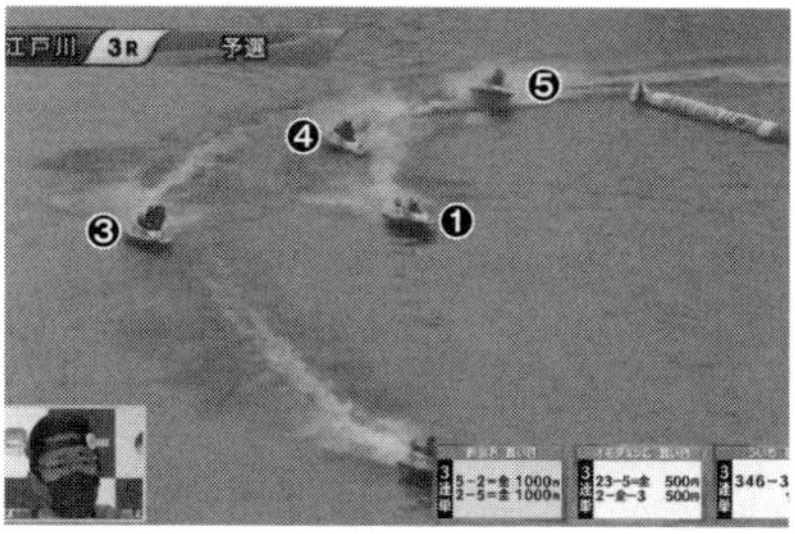

（6－1－3の307・3倍でゴール）

一同　アハハハハ！

オモダ　腹痛い。

ういち　狂ってんだろ。

オモダ　アハハハハ！　悔しいのう。

鈴虫君　惜しいな、ういちさん今の。惜しかったなあ。

ういち　狂ってんだろ。何だよそれ。

鈴虫君　3万舟になった。尾形さんあんなことになるんだ。昨日良かったのに。

ういち　俺も大丈夫だと思ったよ。6－3－4でも6－4－3でも良かった。6－3－1でも6－4－1でも良かった。

鈴虫君　全部いましたもんね。

オモダ　頭に3・4・6いたっスもんね。

鈴虫君　1が3等でもいいわけだから。

ういち　考えられんぞ。

オモダ　当たってたら24万くらいでした。

ういち　ああ。腹立つわ〜！　ハイパードンピシャリだよ。

鈴虫君　凄いですよ1マークの展開は。

ういち　あそこからハズれるのが理解に苦しむよね。

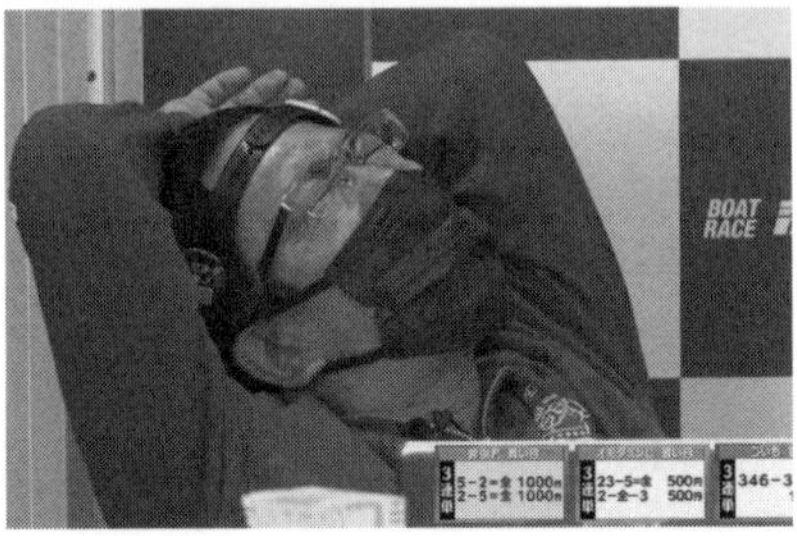

5-18 カオスの末に

2022/6/19 江戸川4R

枠	級別	登録番号／氏名
1	A2	3105 内山文典
2	A2	4904 松本一毅
3	B1	4465 大西賢
4	B1	3834 細川明人
5	A1	3822 平尾崇典
6	A1	4388 是澤孝宏

ういちの買い目

134-56-13456 各1000円

鈴虫君の買い目

5-12-126 各1000円
12-125-125 各1000円

オモダの買い目

1-56-356 各1000円
6-5=全 各300円
5-6=全 各300円

該当箇所のタイム

1：46：45〜

鈴虫君・オモダミンC

該当箇所リンク

動画リンク

※周回短縮で2周レース

（レーススタート）

ういち　いや〜2が行ってる。怖い怖い怖い怖い。

鈴虫君　行き過ぎたらヤバい。流れるよ。あ〜。

（1マークは混戦。3・6が優勢）

ういち　よしよし！　え？　6？

オモダ　よしよしよし！

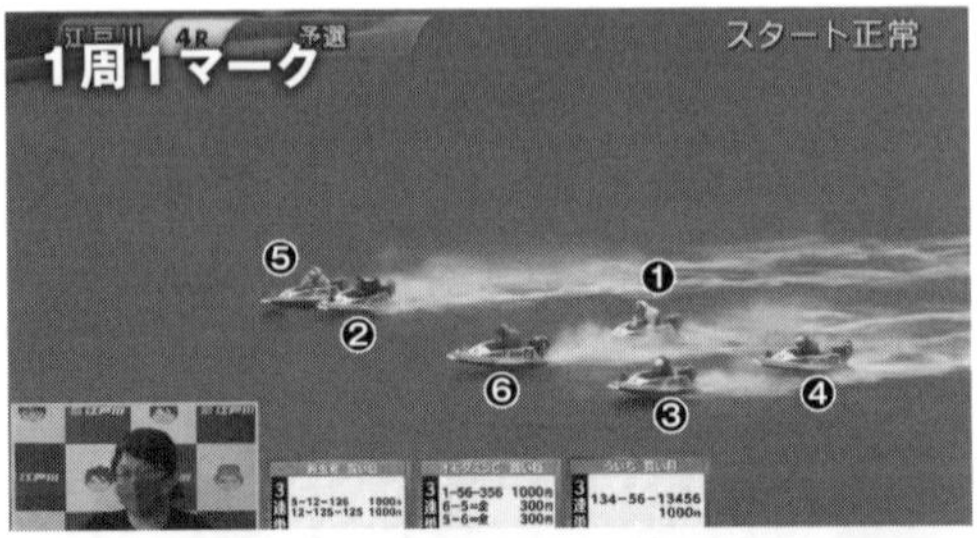

ういち　３３３３３３！
鈴虫君　５と６の伸びが違う。
ういち　頑張れ！　よし３！
（２マークは３が先行。２番手は５号艇）
ういち　粘れ〜！
オモダ　抜くでしょ！
ういち　めっちゃ抜かれそう。大西頑張って〜！
オモダ　抜くでしょ！
ういち　よし！　ナイスブロック！
（２周１マークは５号艇の前を４がカットし、３のトップが濃厚に）
鈴虫君　一番高いとこだ
ういち　ゴーゴーゴー！　頼む！　３ー５ー４舟券ある〜！
鈴虫君　これでなかったら笑っちゃうけど。
ういち　しっかり〜！　もうこれだけ！　ゆっくり〜！
（２周２マークは３ー５ー４の順にクリア）
ういち　そ〜！　ピピピピピ〜！　ＯＫ！　ヤッター！　ナイスー！

素晴らしい！

鈴虫君　ナイスナイス。

オモダ　6－3－5あったろう。

ういち　凄い嬉しい、なんか。凄い嬉しいわ、コレ。この買い目が当たるのは嬉しいわ。

鈴虫君　3の頭良く入れましたね。4の頭まで行ったんだ。

ういち　いや～偶然にしても凄い嬉しいです。これは。

鈴虫君　パズルみたいだ。

ういち　ヤッター！　3－5－4は18170円。

鈴虫君　コレはお見事。

ういち　いや～大西さん良かった。

4R		払戻金	
2連単	3－5	4,000円	(16番人気)
2連複	3＝5	1,290円	(8番人気)
3連単	3 5 4	18,170円	(64番人気)
3連複	3 4 5	3,320円	(16番人気)
拡連複	3＝5	440円	(6番人気)
	3＝4	590円	(11番人気)
	4＝5	410円	(4番人気)
単勝式	3	230円	
複勝式	3	300円	
	5	320円	

5-19 熱戦からの悲劇

2022/6/29 江戸川12R

枠	級別	登録番号／氏名
1	A2	4657 江崎一雄
2	A1	4802 中田達也
3	A1	4928 栗城匠
4	A1	4468 大池佑来
5	A2	3951 石川吉鎬
6	A2	3904 森貴洋

ういちの買い目

1-234-56 各5000円
2-1-34 各10000円
2-1-56 各5000円

鈴虫君の買い目

1-34-全 各5000円

オモダの買い目

2-1-346 各10000円
2-1-5 5000円
4-6=全 各1000円

該当箇所のタイム

5：45：45 ～

共演：鈴虫君・オモダミンC

該当箇所リンク

動画リンク

※周回短縮（2周レース）

オモダ　2－1でいいんだよ。シンプルに。2－1－6でいいよ。

ういち　さあ来い！

鈴虫君　江崎大丈夫。上体起こすなって。大丈夫だ。早いか。

（レーススタート）

ういち　2が凹んでるよ。

鈴虫君　ヤバい。差し隊形になって

る。
オモダ　差せ！
（1マークは2号艇の差しが良さそう）
ういち　あ、差さるんじゃない？
オモダ　差さったんじゃない？
ういち　OK！　OK！　OK！
届く！
オモダ　届け！　届け！　届け！
届いてるな。
ういち　良し！　届いた！　5・6の出番。
オモダ　66666！　4は安い！
4は安い！
（2マークは2号艇が抜け出し、2番手は1）
ういち　来い！　6番無理か〜！
オモダ　66666！　4は安いんだって。
ういち　4は安い。
オモダ　17万か56万かで回ってんのよ。アツい。
ういち　アツいじゃん。
オモダ　66666！
（2周1マークは3番手が4・6接戦）
オモダ　キャー！　56万！

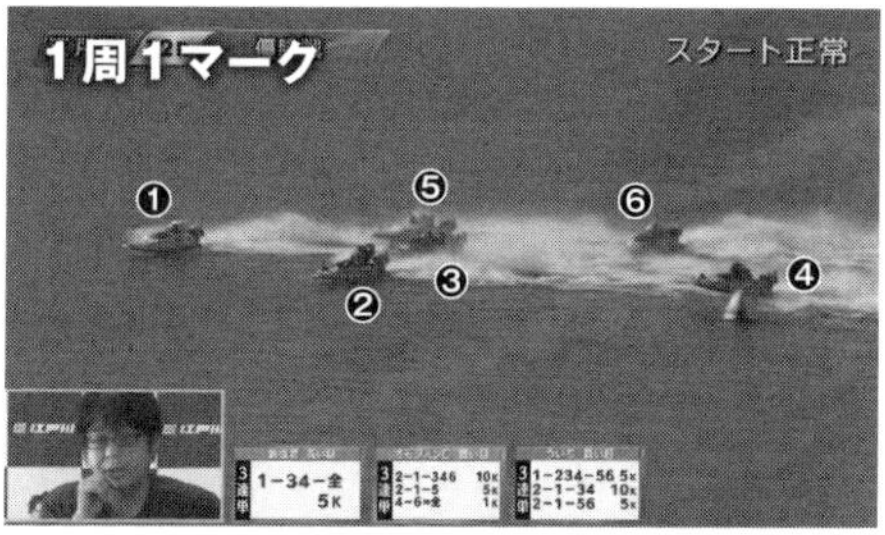

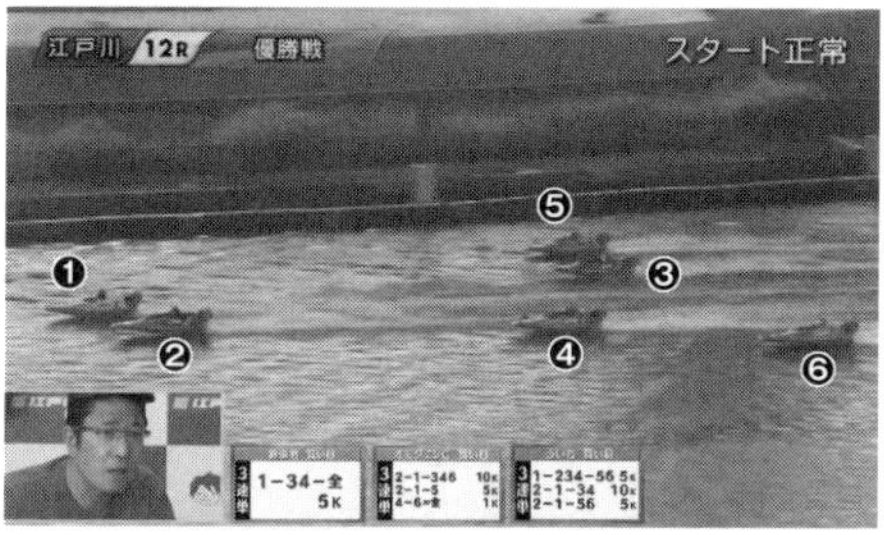

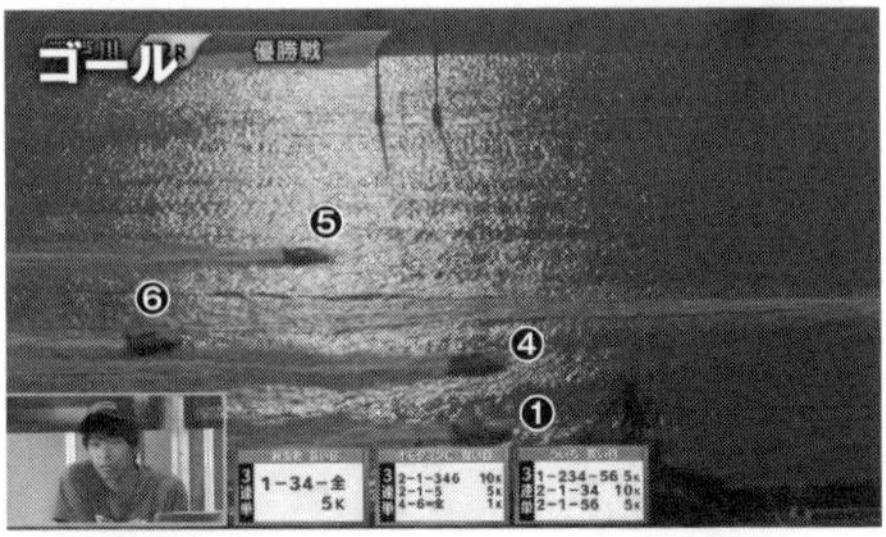

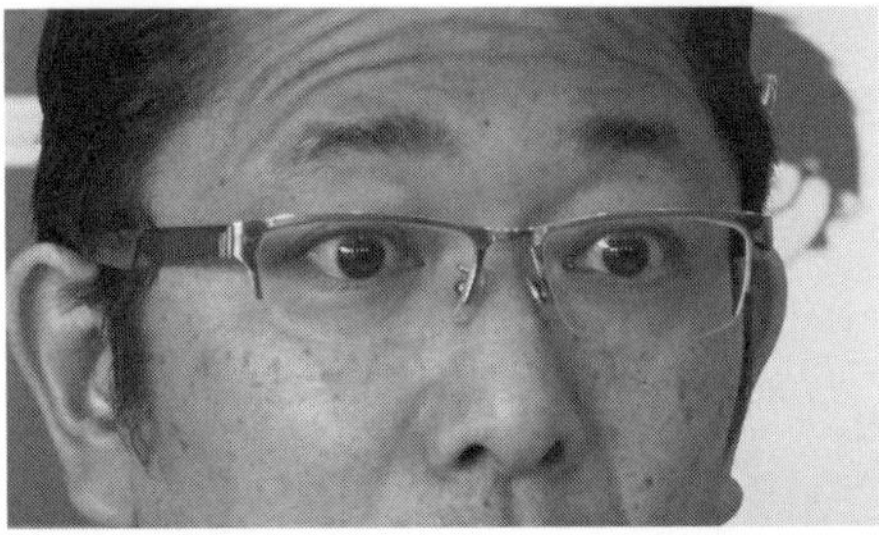
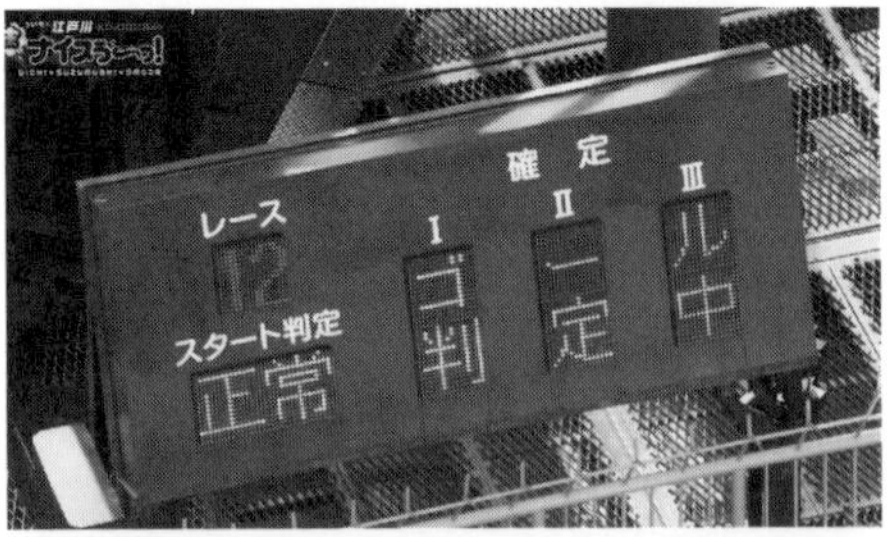

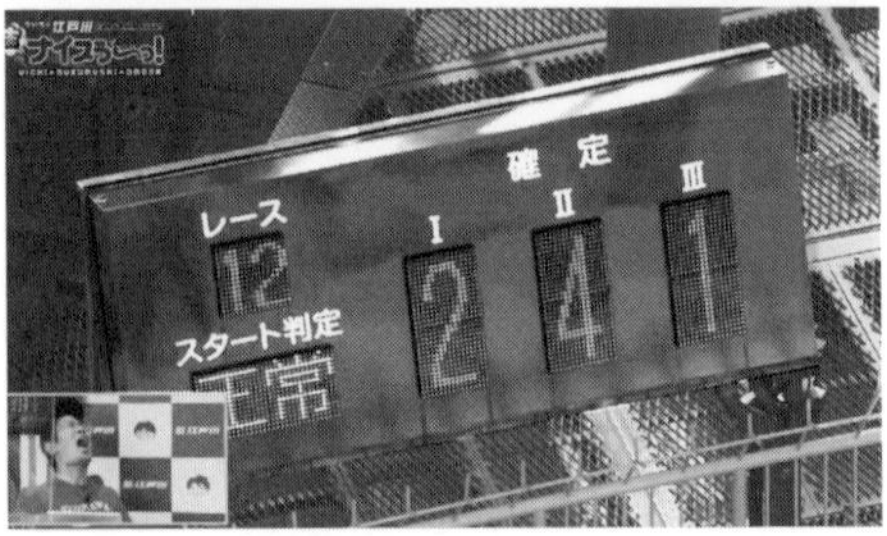

ういち　よしよし！　6666！
オモダ　なんで4が前にいるんだよ。
鈴虫君　今6だったよなあ。
ういち　いや、あるぞコレ。一波乱。行けー！　ひくのか！　引いて5！
（2周2マークは4号艇が小回り。先に回った1号艇が大回りに）
鈴虫君　2－4まで見えてきた。
オモダ　あれ？
ういち　あ、終わっちゃうじゃん。
オモダ　これ2－4が。
鈴虫君　1が流れてるけど、だいじょう…。
一同　ああ！
（ゴールは2着接戦）
オモダ　ええ？　ハズレになった！
ういち　あああああ！
鈴虫君　わからんわからん。離れてたから。
オモダ　全然4。
ういち　全然4だよな。
鈴虫君　え？　写真判定。
オモダ　ちょっと。
ういち　嘘でしょ。
（写真判定へ）
ういち　11111！　水面が光ってて見えなかったから1！　お願

いお願いお願い！
（写真判定の結果は2‐4‐1。28・1倍で確定）
ういち・オモダ　ああああああああああ！
オモダ　なんでだよ！　17万↓56万↓17万↓ゼロ。江崎〜！
ういち　しかし、2‐4ヤシー！なんだこれ。

鈴虫君　今のは気の毒だわ。ホントに。
ういち　ああ、びっくりした。え、嘘でしょ。
オモダ　アハハハ。抜かれてたもん、しっかり。笑ってる場合じゃないんだけど。
ういち　え？
オモダ　あ〜あ。

鈴虫君　ういちさん、マジその顔やめてください。笑っちゃうんで。
ういち　は？　はあ。
オモダ　56万も見えてたんスけど。17万で手を打とうからのゼロ。手を打てよ江崎！

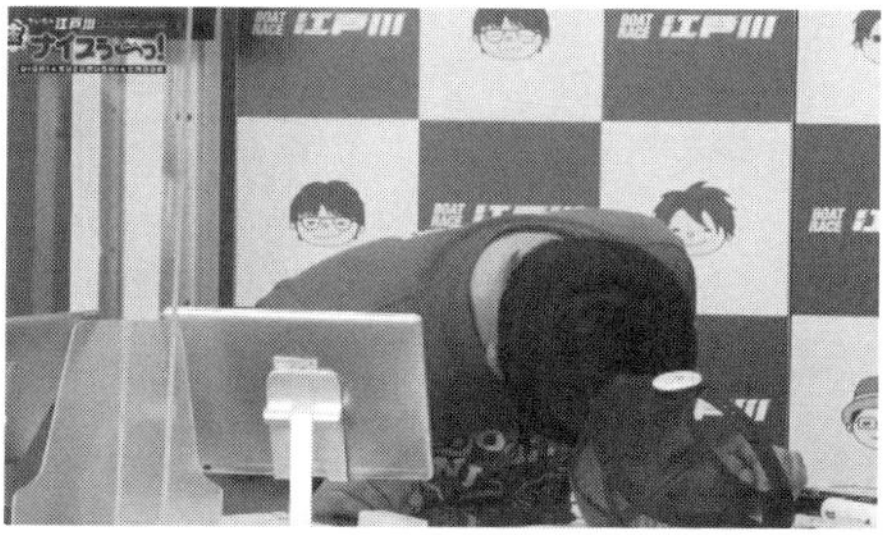
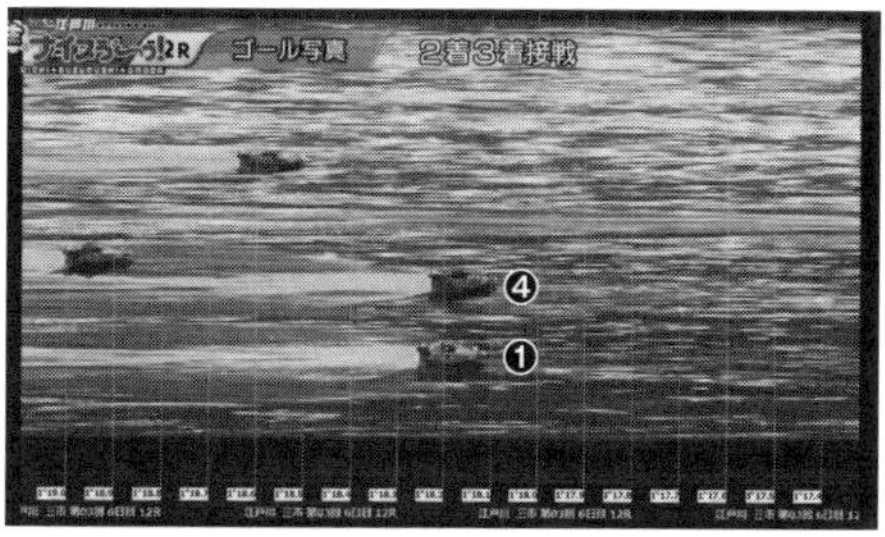

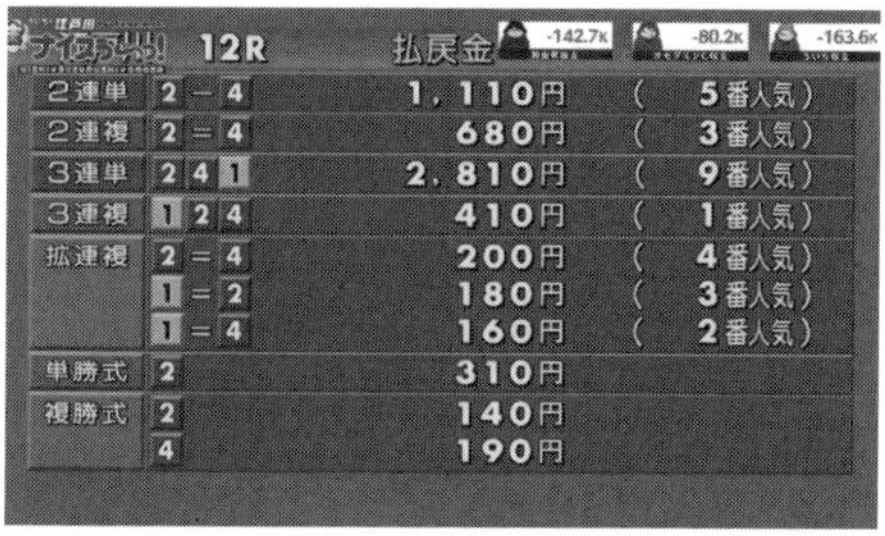

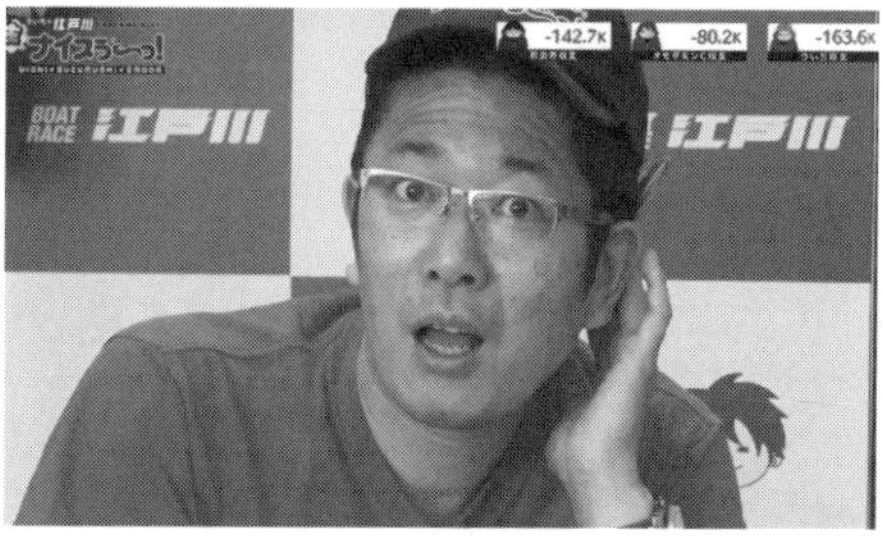

ボートレース用語

あ行

安定板
荒天時に装着されるモーター下部に取り付けられるU字型の板。取り付けることによってボートが安定するが、トップスピードは落ちる。

行き足
スタート時の助走から1周第1ターンマークまでの速度のこと。

イン
1コースのこと。

イン逃げ
1コースから逃げて1着になること。

イン屋
高頻度で前付けするレーサーのこと。

起こし
待機行動後、レーサーがスタートのための助走を始めること。

落とす
握っていたスロットルレバーを放して減速すること。

か行

かかり
ターンする時のボートとプロペラが水をとらえる様子。

カド
ダッシュスタートする艇のうち、一番内側の艇のこと。

カド受け
スロースタートする艇のうち、一番外側の艇のこと。

壁
3コースより外の艇がまくる際に、その内側の艇が抵抗して外の艇をブロックする状況。

キャビテーション
水の中の気泡によってプロペラが空転状態になり、推進力がなくなって減速すること。

記念レース
G1以上の競走。

切り返し
外側を走っている艇が、内側を走っている艇の内に進路を変え、ターンマークを先に回ろうとする戦法。またはその逆で、内側から外側へ進路を変えて他艇を抜き去ろうとすること。

空中線標識
スタートラインと第2ターンマークの間にコースを横切る形で張られた小旗のある標識。

グランプリ
獲得賞金上位18名によって行われるSGで、文字通りその年に活躍したNo・1のレーサーを決めるレース。

さ行

先マイ
他艇より先にターンマークを回ること。

差し
先にターンしていった艇の内側を鋭く突き抜ける戦法。テクニックを必要とし、引き波を越えるパワーも必要。

事故率
事故点の合計を出し、出走回数で割ったもの。事故点は、フライング（F）と選手責任の出遅れが20点（優勝戦は30点）、妨害失格が15点、転覆、落水、沈没、不完走、欠場など選手責任の失格が10点、不良航法、待機行動違反が2点、級別審査期間の事故率が0・70を超えるとB2級となる。

進入
コース取りをほぼ終え、スタートラインに向かう状態。

準優勝戦
予選を勝ち抜いたポイント上位者によるレース。この中の上位が優勝戦に進む。

失格
欠場と違って舟券は返還されない。要因は周回方向・周回の誤認・タイムオーバー・危険な転舵・緊急避譲義務違反・転覆、沈没、落水などがある。

周回展示
展示航走の一つで、本番レース前に旋回や直線の走りを見せるためにする周回。

周年記念
毎年各ボートレース場で1回開催される、開設周年記念競走のこと。G1。

勝率
着順点の合計を出走回数で割ったもの。一般競走の着順点は1着が10点、2着が8点、以下6、4、2、1点。勝率の数字が大きいほど上手いレーサー。

スリット
スタートタイミングを測定するために撮影された写真の上に、一定の間隔で引かれたラインのこと。スリットの足が良い＝行き足がよい。

スタート展示
本番のレースを想定したコース取りとスタートを行うこと。

スタートタイミング（ST）
スタート0秒を基準とし、誤差を100分の1秒単位で表したもの。トップレーサーの平均スタートタイミングは0・15程度。

スタート事故
フライング（F）や出遅れ（L）のこと。

スロー
スタートのコースが内側かつ助走で後ろに引かずにスタートすること。

全速ターン
旋回の際に左手のスロットルレバーを放さず、握った（加速した）まま旋回すること。

前検（前日検査）
レース開催日の前日に行う検査。健康診断、モーター抽選、試運転、スタート練習などを行う。

節
レースの開催期間（4〜最大7日）のこと。

た行

待機行動
ピットを離れてからスタートするまでのこと。

ダッシュ

待機行動中にスタート方向とは逆にボートを引っ張り、助走距離を十分にとって発進するスタート方法。

チルト

ボートにモーターを取り付ける角度。マイナス0・5〜3・0度まであり、上げるほど最高速は早くなるが、行き足が悪くなり旋回しにくくなる。

ツケマイ

「まくり」の一種で外側のレーサーが自分より内側のレーサーを押さえ込み、引き波に沈めることで抜く方法。

展示タイム

周回展示2周目のバック側の直線150mのタイム。

展示航走

本番レースの直前に、レースに出走するレーサーが、予想の参考やボートやモーターの調子をファンに見てもらうためにコース取りやスタートの練習をし、全速力でレースコースを2周すること。

出遅れ（L）

大時計の針が0秒から1秒を過ぎてラインを通過してしまった場合は出遅れ（L）となり、フライング（F）同様にその艇の舟券は全額返還される。

艇番

艇に書いてある1番〜6番までの番号。

登録番号

レーサー登録順に割り当てられたレーサーの番号。

な行

握る

ターンマークを全速で旋回する際に用いられることが多い。

逃げ

インコース（1コース）の艇が1周第1ターンマークで先手を取って最初にターンし、そのまま1着になること。

は行

発順率

タートラインを切った平均の順番。値が小さいほど自力で早いスタートをしていることになる。

ハンドル
レーサーは右手でハンドルを操作する。ボートの進む方向を変えるのはハンドルの操作。

ピット離れ
ピットに待機しているボートが、出走の合図とともに発進する様。

引き波
ボートが走った後に残る波のこと。

プロペラ
モーターに取り付けられる2枚ばねのプロペラのこと。

フライング（F）
大時計の針が0秒を指す前にラインを通過してしまうこと。フライングした艇に関する舟券は、全返還される。

部品交換
モーターの整備が思うように仕上がらないとき、さまざまな部品を交換できる。

深イン
前付けなどの影響などでインの艇が早めにスタート方向に舳先を向け、助走距離が100メートルを切ること。

ペラ
プロペラのこと。

放る
スタート事故などを防ぐためにスロットルレバーを離すこと。

ま行

前づけ
待機行動でコース取りの攻防の際、外枠の艇が大きく回り込んでほかの艇の前につけ、インコースを取ろうとすること

捲り（まくり）
2～6コースからスタートした艇が、スピードを落とさず1周1マークで外から抜いていき、その後も抜かれずにレースに勝つこと。

捲り差し（まくり差し）

3～6コースから発進した艇が、1周1マークでいくつかの艇をまくり、なおかつ先行艇を差し、その後も抜かれずにレースに勝つこと。

モンキーターン

ボート上に立ちながら、外側を右足で蹴る力でサイドを効かして旋回する方法。

や行

優出

優勝戦に出場すること。

わ行

枠

レースごとに振り当てられる艇番のこと。1号艇は1枠、6号艇なら6枠を指す。

枠なり進入

待機行動で内から「123456」と枠番通りに進入した状態のこと。

ういちの配信用語

あ行

有富さん

ボートレース宮島の実況担当者。ブッちぎりィ!!の解説役として現れることも多く、女性演者がいると良く登場する。通称「エロトミさん」。

ういちゃんねる

ういちの個人Ｙｏｕｔｕｂｅチャンネル。江戸川の生配信が行われるほか、スイカゲームやパチンコ・パチスロのエピソード動画、ボートレース初心者講座、替え歌動画などのコンテンツがある。

江戸川場内利用券

江戸川の配信でプレゼントに当選すると貰える利用券。ボートレース江戸川場内の施設の他、向かいにあるローソンでも使うことができる。

江戸川ナイスの広告

ボートレースのＹｏｕｔｕｂｅチャンネルとしては広告が入るのは珍しいが、その分は番組で配られるプレゼントの多さに反映されている。

江戸川のチャンネル

ボートレース江戸川には公式チャンネルの「江戸川ナイス」の他に、ういちの個人チャンネルである「ういちゃんねる」で生配信が行われることがある。「江戸川生ナイス」「江戸川足りナイス」「貴族舟」「社長舟」は公式チャンネル、「1人江戸川」「江戸川三銃士」はういちゃんねるで配信される。

ういち買い

ういちの買い方。買い目は1－234－56。イン逃げが濃厚な際にオッズ妙味のある5・6の3着付けを狙う買い方。

さ行

ザッパーナ

転覆または落水のこと。

潮

水面の流れの向き。江戸川は川の上流からの流れ（1マークから2マーク）の他に、干潮から満潮にかけては上げ潮という川の流れとは逆の流れ（2マークから1マーク）となる。宮島の場合は、満潮にかけて水面がボチャつきやすく、アウトから攻めるのが難しくなりイン有利となる。

新ういち買い

ういちの買い方。買い目は1－全－2、2－1－全。1－2が濃厚だが、オッズが安い1－2は買いたくない場面の買い方。

た行

（噛み合わない）大臣

ういちが舟券を買うと来ず、買わないと来るレーサー。現状3人おり、前沢丈史・是澤孝宏・折下寛法選手の3選手のことを指す。

TMC（ターンマークチャンス）

ターンマークに艇がぶつかること。順位が変わるきっかけになることも。江戸川では流れがあることから、他の場より発生頻度が高くなっている。

ツネさん

ボートレース宮島の専属記者。ブッちぎりィ!!の解説役として登場することも多く、予想に役立つ生の情報を提供してくれる。

トクナガ
ういちの買い目が当たっている状況から、通常あり得ないような逆転を経てハズれること。体操競技の技の名前になぞらえて、ういちの本名の名字である「トクナガ」と呼ばれている。

は行

船待ち
ボートレース江戸川は河川を仕切ってレースをしている関係で、開催日にも船が通ることがある。レース時間は決まっているが、船を待つため時間が若干遅れることがある。

帽子
ういちのトレードマーク。ブランドは基本的にニューエラのみ。

バウンティ
艇が水面を跳ねること。速度低下に繋がる。波の高い江戸川で発生しやすい。

ブイ（先生）
ボートレース宮島の地元予想紙。驚愕の的中率を誇り、ういちが勝手にライバル視している。

ブッちぎりィ!!
ボートレース宮島の生配信バラエティ番組。多彩なゲストが舟券予想だけに留まらず、様々なモノにチャレンジしている。

へくる
ターン中にターンマークに当たりそうになり、ハンドルを切り直すこと。ワンヘク（1回ハンドル調整）。

著者紹介

ういち

１９７４年１月10日生まれの50歳。神奈川県出身。血液型はＢ型。

パチンコ・パチスロを趣味とし、学生時代からパチンコ店に通い詰める。親から貰った専門学校の学費を使い切ってしまい、親の手前学校に行ってるふりをしていたなど、この手の逸話には事欠かない。パチンコ店などのアルバイトを経て、パチスロ必勝ガイド編集部にて編集として働いた後、ライターに転身。途中サラリーマンを志すも、一週間で挫折。再びパチスロライターとして活躍する。パチスロでは独自の攻略法を確立した吉宗（４号機）や、ゲーム性をこよなく愛した押忍！番長（４号機）の面白さを世に広め、カリスマ的な人気を誇った。最近はボートレースに夢中で、到底ありえないような舟券のハズシ方を日々披露している。選手にあだ名をつけるのが上手く、配信を見ていれば１６００人以上いるボートレーサーをスムーズに覚えることができる。ボートレース以外の趣味はゲーム。レッドブルを愛飲している。

運動神経は良いが、なかなかの頻度でぎっくり腰を発症するため、無茶振りされない限り動くことはない。

ういちの仕事

https://ameblo.jp/uichir0/

月間のスケジュールは個人ブログ「うログ」にて公開中！
配信スケジュールは毎月ご確認ください。

レギュラー生配信番組

江戸川生ナイス（江戸川）
貴族舟（江戸川）
社長舟（江戸川）
一人江戸川（江戸川）
ういちの放浪記（尼崎）
大村かかってこい（大村・優勝戦）

不定期生配信

ブッちぎりィ!!（宮島）
各場生配信番組
JLC 生配信番組

会える場所

江戸川ナイス収録（2 マーク側の観客席にて）
1 ～ 4R・9 ～ 12R
※雨天は室内収録になるため、会うことはできません。
※ボートレース江戸川の開催が中止になる場合は収録が行われません。

写真　　　大津威久
イラスト　アベミキ

ういちの叫び

2024年7月19日　初版発行

著　者　ういち
発行人　杉原葉子
発行所　株式会社電波社
〒154-0002　東京都世田谷区下馬6-15-4
TEL. 03-3418-4620
FAX. 03-3421-7170
https://www.rc-tech.co.jp/
振　替　00130-8-76758

ISBN978-4-86490-265-6　C0076
印刷・製本　株式会社光邦

乱丁・落丁本は、小社へ直接お送りください。郵送料小社負担にてお取り替えいたします。
無断複写・転載を禁じます。定価はカバーに表示してあります。

©2024 Uichi / DENPA-SHA CO.,LTD.　Printed in Japan